本书系芜湖市教育高层次人才第一批研究项目“运用教育叙事，提升教师师亲沟通能力的研究与实践”研究成果

师亲沟通的艺术

庄华涛　陶翠凤◎著

安徽师范大学出版社
ANHUI NORMAL UNIVERSITY PRESS
·芜湖·

图书在版编目(CIP)数据

师亲沟通的艺术 / 庄华涛, 陶翠凤著. -- 芜湖 : 安徽师范大学出版社, 2025. 6. -- ISBN 978-7-5676-7333-5

Ⅰ. G636

中国国家版本馆CIP数据核字第2025AP4563号

师亲沟通的艺术　　庄华涛　陶翠凤◎著

责任编辑：何章艳　　责任校对：辛新新

装帧设计：王晴晴　冯君君　　责任印制：桑国磊

出版发行：安徽师范大学出版社

芜湖市北京中路2号安徽师范大学赭山校区

网　　址：https://press.ahnu.edu.cn

发 行 部：0553-3883578　5910327　5910310(传真)

印　　刷：安徽联众印刷有限公司

版　　次：2025年6月第1版

印　　次：2025年6月第1次印刷

规　　格：700 mm × 1000 mm　1/16

印　　张：12.5

字　　数：177千字

书　　号：978-7-5676-7333-5

定　　价：45.00元

序

破解沟通密码，共绘成长蓝图

教育，是一项充满挑战和喜悦的事业。作为教师，我们每天面对的是一个个可爱的学生，他们的成长和进步，是我们最大的成就和动力。然而，在教育的道路上，我们也常常会遇到困惑和挫折，尤其是在与家长进行有效的沟通方面。

在与家长的沟通中，我们常常会遇到各种各样的情况：

有的家长对教师职业的认识存在偏差，他们过度强调教师"替代父母"角色，或是将教育责任完全转嫁给教师，期待教师提供学业辅导、品德培养、行为管理等全方位的教育服务。

有的家长在教育观念上存在一定误区，他们过度强调学业成绩，却忽视了孩子的身心健康和个性发展；或是缺乏科学的教育理念和方法，往往采取简单说教或粗暴管教的方式对待孩子。

有的家长与教师之间存在沟通障碍，他们认为教师过于严厉，或者认为教师不够关注孩子的个体差异，从而导致师亲之间产生误解和矛盾。

面对这些，我深深地感受到，作为教师，我们需要掌握一些能更好地与家长沟通的技巧。因此，我们可能需要一本书，一本能够帮助我们解决以下问题的书：

其一，了解家长的心理。了解家长的期望、担忧和困惑，从而更好地与他们沟通，建立彼此信任和相互合作的关系。

其二，掌握沟通的技巧。学习如何与不同类型的家长进行有效沟通，如何表达自己的观点和建议，如何倾听家长的意见和想法。

其三，建立良好的沟通机制。探索适合自己班级和家长特点的沟通方式，例如家访、开家长会、组建家长群等，并制定相应的沟通规则和流程。

于是，我和陶翠凤老师合作，开始撰写《师亲沟通的艺术》一书。在写作的过程中，我们参考了大量的教育理论书籍和案例分析，并结合自己多年的教育实践经验，尝试着回答以下问题：

如何与不同类型的家长进行有效沟通？

如何帮助家长转变教育观念，掌握有效的教育方法？

如何建立良好的沟通机制，促进家校合作？

我希望这本书能够成为教师与家长之间沟通的桥梁，帮助双方更好地理解彼此，建立信任和合作的关系，共同为孩子的成长和进步努力。

本书详细阐述了师亲沟通的意义，深入剖析了师亲沟通的内容、方式、原则及策略，并通过案例形式分享了大量实用的沟通技巧和方式，希望这些能够为教师和家长提供有益的参考和借鉴。

我深知沟通的技巧和方式并非一成不变，而是需要根据不同的情境和对象进行调整。因此，本书还提供了一些沟通的策略，例如找好切入点、了解沟通的一般心理策略、掌握沟通的常用技巧等，以便教师和家长根据具体情况灵活应对，取得最佳的沟通效果。

本书的写作过程，对我来说是一次深刻的思考之旅。在与家长沟通的过程中，我认识到了自己的不足，也吸取了教训，积累了经验。

我更加深刻地认识到师亲沟通的重要性，以及良好沟通对教育的影响。

我希望这本书能够成为广大教师和家长的朋友，帮助我们破解沟通的密码，为孩子们的成长撑起一片蓝天！

庄华涛

二〇二四年十月

目 录

contents

第一章
师亲沟通的意义

近年来，有关师亲沟通不畅而导致的负面新闻时有出现。每每看到这样的新闻，我都在思索一个问题：这些矛盾与冲突到底是什么原因引起的呢?

细细分析不难发现，主要原因可能包括两个方面：从客观层面来看，时代发展带来的教育理念变革、社会竞争压力加剧以及信息技术普及等因素，使得师亲双方的期望值与沟通方式产生了显著差异；从主观层面而言，教师与家长个体在教育认知、价值取向及具体教育方法上存在的分歧，则是导致矛盾升级的内在动因。

面对这样的客观形势，良好的师亲沟通就显得尤为重要。

对于孩子而言，教师给予的教育和家长给予的教育各有各的优势，也各有各的局限。在学校，教师能给予孩子的教育大多是方向性的，但鉴于所面对的孩子那么多，教师是很难做到对每一个孩子都面面俱到的。比如表扬孩子，教师很难做到看到每一个孩子的每一个闪光点，因而给予孩子的鼓励相对来说可能不够。再比如批评，大多也是表面上的，很难挖掘到孩子行为背后的深层次的原因。这些局限很难通过教师改进工作方式来实现突破。在家庭中，家长面对的只是家庭内的一两个孩子，可能较少有更全面的合乎孩子年龄段特征的评判。再加上多数家长可能缺乏心理学、教育学知识，教育孩子通常只是依照自己最朴实的经验进行，对待孩子或过于宽松，或过于严厉。而这种局限也很难通过家长的自行矫正而获得改善。

也就是说，对孩子的教育，教师与家长都有一定的局限性。而这些局限性，靠某一方面的力量是很难避免的。这就需要家长与教师之间多沟通，这样才能补齐短板，增强合力，利用各自的优势，相互补充、相互促进，为孩子创造良好的学习与生活氛围，使他们能够健康成长。

那么，师亲之间建立良好的沟通具体有什么样的意义呢？

一、良好的沟通，家长的需要

作为教师，我们经常能听到家长这样说：“老师，我家孩子就听您的，麻烦您对他要求严格一点。我们说话他也不听，还是你们老师说话效果好一些。”

多数教师听到这话可能会有两种感受，一种认为这位家长会说话，在与教师沟通时，既表扬了教师具有威信，又委婉地表达了要教师多关照自己孩子的意图；一种认为说这话的家长对孩子不负责，有推脱自己职责的嫌疑——作为孩子的家长，却将孩子的教育全部推给老师。

但我们往往忽略了，这话其实在一定程度上透露出家长对于孩子教育的无奈。作为家长，他们都希望将孩子教育好，但他们往往缺乏心理学、教育学等相关知识，在面对孩子时，有的家长只是“复制”自己小时候受父母教育时的那些做法。过时的教育方法与教育理念，用在当下孩子身上，家长心有余而力不足也就不难理解了。因此，如果我们这些有着一定心理学、教育学知识背景的教师，能给予家长必要的家庭教育指导，对家长来说是非常重要的。

案例1 改变孩子，从改变家长做起

文文是一个让人头疼的孩子。他有一个习惯，就是将上课铃当成上厕所的信号。这儿师生问好刚结束，他便站到了过道上，弓着腰，一边用手按着裤子，一边用眼睛余光瞄着我。不用说，又是要上厕所。如果问他，他却宁可就那样别扭地站在那儿，也不会开口告诉我他要上厕所。不让他去吧，对孩子身体不好；让他去吧，感觉又不好——总这样让我猜心思，对孩子来说也不是好事。

课堂上，就更麻烦了。他可没有听课的习惯，整天拿着笔乱画，书本上自然是一塌糊涂，课桌上也满是他的“大作”。点名提醒他，他会咧着嘴，睁大眼睛看着我，做出一副滑稽的表情，可能认为我在逗他玩呢！

下课时，他是最活跃的一个。教室在二楼，到操场上不太方便，他便在走廊上跑。他从走廊这端一直跑到那端，然后再折回来，追逐着他认为在与他玩的同学。而这些同学可不一定是与他玩，但他不管，追上就一个熊抱，弄得两人都趔趔趄趄，也常常看得我心惊胆战。一直玩到上课铃响，他才满头大汗地跑进教室。这也可以解释为什么他会将上课铃当上厕所的信号了。

而且，他脾气犟！有一次，上课时因他动作太大，我稍稍批评了他两句，他便发脾气了——将手里的笔往地上一扔，将课桌上的文具盒、书本全扫到了地上，可能感觉还不过瘾，又将书包也拎起来使劲扔了出去。之后，他便双手紧握成拳头，敞开嗓门哭了起来。一节课，就这样被他搅和了。

眼看着怎么也不能让他平静下来，我只得求助家长，让他们过来处理一下。家长态度极好，接到电话后立马就过来了。见到我，家长一个劲儿道歉，说是给我添麻烦了。可聊了几句后，我发现家长对他好像也没有什么招，只是一个劲儿告诉我，这孩子打小就犟，在家也这样。

在家也这样正常吗？只是当时最紧迫的任务是处理好孩子一个劲儿哭的问题，我便让家长先去安慰他了。家长也没什么好办法，就先带他离开了学校。

文文家长是我的微信好友，那次之后，我便留意了一下文文家长的朋友圈，想看看文文平时在家的状态。信息不多，大多是围绕文文发的，可见家长是非常爱他的。不过，有一条信息还是引起了我的注意。“晚上的时间都给你了，我亲爱的孩子，我该怎么对待你？”配图是文文在家写作业的场景。一看，发信息的时间已经是晚上九点多了。可见，家长对孩子还是很在意的，只是不知道该如何对待孩子。于是，我决定深层次地与文文家长沟通一下。

孩子父母都过来了，只是父亲宁愿在校外等着也不愿意到学校里面来，让母亲进来了。我知道，他有顾虑，怕我说话过分受不了。

“文文这孩子，真的挺可爱的。”这是真话。虽然孩子有着这样那样的不足，但如果不是要求他遵守课堂纪律、搞好学习成绩以及注意安全等，单从孩子的角度来看，他还是挺可爱的。他说话声音萌萌的，表情也是萌萌的，很单纯、活泼。

文文妈妈笑了，有哪位家长不愿意听到老师认可自己的孩子？

“如果不是从健康成长角度去要求他，他会与我相处得很好。只是，现在已经读小学了，我还得以一个小学生的标准去要求他，所以，现在有些问题我还得求助你。”

听我这么说，文文妈妈开始做检讨了：“老师，给您添麻烦了。孩子犟，我们知道。不行您就打……”

我打断了她的话。“平时文文在家，是不是也总是让你们猜心思？”我问道。可能她一下子没反应过来，不知道该怎么回答，愣在那儿了。“我是说，文文平时在家是不是想要什么或做什么，都不明说，非得让你们猜？”这下，文文妈妈明白了：“是的，平时就这样。要什么从来都不明说，比如在街上看到了什么想要的，从来不说想要，而是站在那儿不走，就盯着那东西看。”“然后你们就给他买下了？”我接着问道。“我才不理他呢！他犟着我就走我的，不管他。可他爸爸宠他，一见他犟着，就给他买下了。其他事情也都是这样，一见他犟，他爸爸就心软了。”看来，这夫妻二人对孩子的教育方式并不一致。

“平时你们谁管孩子多一些？”我接着问道。“他爸爸。只要不出差，就他爸爸管着，不让我管，说我对孩子没耐心。我只要一批评他，他爸爸就拦着，说孩子小，做大人的要宽容。有时他爸爸出差不在家，他就挺乖的，可只要他爸爸一回来，立马就变了。有时他爸爸护着他时，我就会说他爸爸，告诉他孩子不能这样护着，会害了孩子的。可没用……”

说到这个问题，文文妈妈好像有一肚子苦水要倒。看来，两人都是爱孩子的家长，但教育方式却有很大分歧。孩子的性格这样古怪，与家长之间的教育方式不一致有很大的关系。

“我想，你和你爱人之间对于孩子的教育方式能不能一致些？要知道，当孩子处于这种不确定的教育环境中时，是很难保持稳定情绪的。所以你俩在家时，面对孩子的问题最好能够形成统一战线。你看，能不能这样？涉及孩子的教育问题，你俩尽量不当着孩子的面争论，而是保持相对一致的态度，如果感觉对方对孩子的教育不够合理，过后再讨论。”

文文妈妈看着我，有点不解。我告诉她，这样有利于孩子接受家长的教育，不会因家长的态度不一致而引发不安导致情绪失控。而且，如果爸爸总是在妈妈批评时“护犊子”，也会让孩子形成以激烈情绪抗拒批评的心态。“在家时，如果你批评文文，文文是不是也总是以激烈的哭闹来对抗你？”我问道。“是的，只要一说他，他就哭得小区里都能听到。他爸爸一听到他哭，就来哄，他就哭得更大声……”

“有爸爸做坚强的后盾，他发现遇到批评时哭闹，就可以逃避可能的惩罚，他当然就会这样去做。我想，你俩统一意见后再对孩子进行教育会更好。这儿并不是要你打骂孩子，而是要你与你爱人统一教育孩子的方式。说理有效时尽量说理，采取激励措施有效时尽量使用激励措施，有必要给孩子施加惩戒时，你俩最好也先统一意见。这样，孩子才会有变化。这才一年级，孩子还小，教育方式统一起来后，对孩子的以后会更好的。否则，到了中高年级，真的会变得很麻烦的。”

对于我的意见，孩子妈妈还是比较能够接受的。后面，我又与孩子妈妈聊了孩子安全意识、规则意识的建立等。其实，这些也都是需要孩子家长配合的。当家长足够关注这些方面，对孩子的教育又相对有效时，这些意识的建立就会相对容易一些。

后面的日子里，利用家长接送孩子的机会，我也常与文文家长交换意见。文文妈妈说，现在他们对孩子的教育方式基本是一致的，感觉孩子在家时也的确有了一些变化。在交流的过程中，我也会针对孩子最近出现的一些新状况，给予家长一定的建议。就这样，孩子在师亲的共同努力下渐渐有了变化，他能够在面对批评时表现得不再那样激烈了，在平时也能够遵守相应的纪律了。

在日常工作中，我常常利用各种渠道与家长聊孩子的教育。有家长认识到，自己孩子的学习兴趣不是太高，问我怎么提高孩子的学习积极性？我就告诉他，这需要家长常常给予孩子鼓励。在学校，教师所面对的是一个群体，即便给予孩子一定的鼓励，但对大多数孩子来说，频率还是太低了，但家长不同，面对的就是自己的那一两个孩子，给孩子的鼓励能够更到位一些。我建议他给孩子单独准备一个本子，记录那些孩子做得相对成功的事情。一次作业独立完成了，可以记上一笔；一次作业全对了，可以记上一笔；在学校勇敢举手回答了一次问题，可以记上一笔；获得了老师的一次表扬，可以记上一笔。甚至还可以延伸到其他方面，只要孩子认为自己做得还不错的事，不管属于哪个方面，都可以记上一笔，比如吃饭时没挑食可以记，自己独立睡觉可以记，自己手工做得好也可以记。当记录本上记满十次时，可以满足孩子一个小的愿望；达到二十次，可以设置相应的奖励；等等。在这样的鼓励下，孩子一定能够提高学习积极性，感受到生活的美好。

再比如，我们班有一个独立性较差的孩子，做作业需要全程陪同。家长受不了了，心里很着急——一题一题、一步一步地教，还要说得很细，孩子才动笔，家长心里着急也是可以理解的。可如果不这样一题一题、一步一步地教，只要遇到稍难一点的题，孩子就愣在那儿不动了，不管后面还有没有题，都不会再去做了。

怎么办？我便告诉家长，孩子的作业，不管一次有多少题，每题都作为一个部分，只要孩子独立做完一个部分，包括自主读题、审题、答题，就值得好好表扬一番，并用一个本子记录下来，给他加分，这样既能培养他独立完成作业的信心，也能增强他独立完成作业的意识。一段时间之后，家长说效果不错，孩子在家也能够独立完成作业了。

师亲沟通，对于很多家长来说，是非常重要的。因为在沟通过程中，教师可以利用自己的优势去帮助家长教育孩子。很多家长对于如何教育孩子并没有什么经验，他们教育孩子的方式大多还是延续自己当年受教育时的粗浅的感知，而拿那些已过时的方式去教育当下的孩子，很难不遇到障碍。教师所面对的孩子肯定比家长多，而所接触过的家长也非常多，可以说，很多眼前孩子家庭教育中出现的问题，在其他孩子的家庭教育中也有类似情况。因而，对于孩子的家庭教育，教师有一定的指导能力，至少师亲沟通过程中所谈到的教育理念、方法是可供家长借鉴的。

当然，良好的师亲沟通除了可以对家庭教育方法进行指导外，对于满足家长的心理需求同样有很重要的意义。

每天上学经过校门口时，我都会被家长们所感动。校门口，孩子们向家长挥手作别，蹦蹦跳跳地进入校园，甚至头也不回一下。但作为家长，他们很少会立即离开。许多家长站在校门口，目送着自己的孩子，直到孩子的背影消失在校园内的某一转角处。我常想，若不是校园的这堵墙阻挡着他们，他们定然会一直守候在孩子的身边吧。

为什么家长会对走进学校的孩子这样不舍？我想，很多时候他们是因为不了解孩子在学校内将会怎样生活，内心有着种种担忧——在学校，孩子会不会感到孤独？在学校，孩子会不会感到恐惧？在学校，孩子会不会获得应有的关注？……而这儿的“学校”，很多时候就是代指“教师”。对学校的不放心，其实是对教师的不放心。师亲之间，除了有一堵现实之墙外，还有一堵隐形之墙。

因而，作为教师，我们一定要尝试着做点什么，好让家校之间的隐形之墙消除，使家长能够了解孩子在学校的生活，从而选择信任学校、信任教师，使家校之间尽量减少隔阂。

案例2 让“墙”变得透明

作为教师，特别是带着一班一年级孩子的男教师，我感受到了巨大的压力。开学之初，我就能从家长的眼神中看到隐约的不信任。确实，城区的小学男教师少，而带一年级的中年男教师就更少了。家长的担心也在情理之中——这样的男教师有耐心面对这么懵懂的孩子吗？这样的男教师能够照看好这么稚嫩的孩子吗？这样的男教师会不会过于严厉？

面对家长的种种疑惑，我没有解释，而是选择行动。我知道，我需要的不是技巧性的解释，而是现实的行动，这样才能建立师亲之间的互信，赢得家长的认可与配合。

开学之初，我在第一时间建立了家校QQ群，并将群号及时公布，方便家长加入。之所以选择以QQ群来作为师亲沟通的平台，是因为QQ群可以便捷地将孩子们在学校的学习、生活现状传递给家长。

报名之后，我便上传了“学生个性信息统计表”，让家长自愿填写。统计表内分几大栏，除了“父母的姓名、电话、现实监护人及电话”等常规内容，还有对孩子进行初步了解的“兴趣特长、性格特征描述、家长对孩子的发展期望、家长对老师的希望、需要老师关注的方面”等内容。这样，我可以在第一时间初步了解孩子，也可以使家长感受到我对即将面对的孩子的关注。

正式上课后，我也会及时在群里发布有关孩子在校的一些信息。

早晨，孩子们在读书，领读的孩子声音如此响亮，其他的孩子是那样认真。打开手机，录一段视频，发到QQ群里：“今天孩子们表现可真棒！”课上，孩子们在学写生字，有几个孩子的坐姿十分端正，字也写得工工整整，拍几张照片传到群里：“孩子们真了不起，才刚刚学写字，就能写得这样工整，实在让人高兴！”……这样的表扬，让家长看到了孩子的进步，也看到了孩子成长的希望，使他们感到高兴的同时，也能够激发他们好好陪伴孩子、培养孩子的信心。

而当少数孩子会因休息时间不足而打瞌睡时，我会悄悄拍下一张照片，通过私聊功能单独发给孩子家长，告诉家长我内心的两难——在这样的情况下叫醒孩子，影响孩子的身体健康，孩子急需休息我却叫醒了他；不叫醒孩子，对孩子的身体健康也可能不利，孩子或因此感冒。我以这种方式来提醒家长合理安排孩子的作息时间。

课间，我在教室与走廊上巡视。一年级的孩子大多没有多少安全意识，也缺少宽容的意识。那边有几个男孩，后一个牵着前一个的衣服，串成一列“小火车”，兴奋地奔跑着，满头大汗。拍下一张照片并制止他们，提醒他们注意安全，然后将照片发给他们的家长，拜托他们在家要教育孩子注意安全。这边两个女孩，因为彼此之间的矛盾而眼泪汪汪。拍下一张照片后进行调解，然后再将照片发给她们的家长，拜托他们多与孩子聊聊如何跟同学交往……这样的沟通，让家长看到了他们视野中很难出现的场景，也就使他们明白，孩子在社会化过程中，除了学习成绩，还有很多需要关注、需要提醒、需要教育的方面。

而如果是批改作业，我也会拍下工整的作业发到群里，表达我满心的骄傲与快乐；拍下不工整的作业私发给家长，委婉地提示家长辅导孩子作业要关注哪些方面。有时，我也会根据孩子的作业情况，联想到他平时学习上的一些情况，适时给家长发一条信息，或表扬，或提醒，好让家长进一步了解孩子的学习状态。

至于孩子获了奖，或是一天表现突出，或是有了一定的改变，或是作业完成质量好，等等，我都会拍下一些照片发到群里，让家长回家好好表扬一下孩子；至于孩子们出现的共性不足，我则以文字的形式，在群里委婉地提示，并给予家长一定的指导；而对于个别孩子表现出的问题，我则通过群里的私聊功能与家长私下沟通，听取家长的意见并给出自己的建议……

有时，也许是受我的启示吧，在课余时间，家长也会给我发一些孩子在家生活的场景，与我交流在家教育孩子时的快乐、欣喜，或是困惑、无奈，而我只要有时间，也会适当给予一定的回复，或给他们打打气，或给他们一定的建议与指导……

这样的及时沟通，让师亲之间那堵“心墙”逐渐消失。在师亲之间的隔阂慢慢消失之后，家长也认可了我对孩子的关注，自然也就愿意给我以真正的信任。

曾读过张晓风的《我交给你们一个孩子》一文，这篇文章引发了我很深的感触。是的，我是教师，但同时我也是一个小女孩的家长，我了解那种家长不清楚孩子在校面对老师时处于怎样状态的煎熬。作为教师，我们有能力也有义务帮家长减轻这种痛苦。说我们有能力，是因为我们可以有各种途径让家长了解孩子的在校生活——我们可以利用微信、QQ及时发布孩子在校生活的某些影像，可以利用家校联系本说说孩子在校生活的状态，可以利用家长会谈谈孩子在校的各方面表现，可以利用“开放周”让家长亲身体验一下孩子的校园生活，还可以利用网络日志让家长了解我们对孩子的感受……说我们有义务，是因为从对孩子的教育方面来说，家长是教师最有力的同盟者，只有让家长了解教师对孩子的付出，他们才能尽最大努力配合教师对孩子进行教育，从而与教师一道促进孩子健康成长。

总之，良好的师亲沟通是家长的需要，在使家长掌握更有效的家庭教育方法的同时，可以满足家长关注孩子的心理需求。而做好师亲沟通工作，能使家长感受到教师对自己孩子的在意，从而会平添一份对教师的信任与尊重，建立起主动与教师联系的意识，增强教育好孩子的信心。

二、良好的沟通，学生的需要

面对眼前的孩子，我常常会想，他们的未来是有着无限可能的。只是，这种可能性是不确定的：可能是积极的，孩子健康成长；也可能是消极的，孩子出现这样或那样的问题。那么，作为教师，我们又能为孩子的未来做些什么呢？

苏霍姆林斯基认为，学校和家庭是孩子的两个“教育者”，这两者“不仅要一致行动，要向儿童提出同样的要求，而且要志同道合，抱着一致的信念”。也就是说，影响孩子成长的这两种力量，如果能够保持相对一致，孩子就会有一个好的成长环境，他们的身心健康就会有最大程度的保障；而如果某一力量过弱，或两种力量产生分歧，孩子的成长可能会受到负面的影响。但是有些家长还没真正认识到自己就是教育者。这时候，就需要教师主动担负起沟通协商的使命，建立师亲之间良好的沟通，让家长积极担负起教育者的责任，与教师形成合力，促进孩子健康成长。

案例3 告诉家长，孩子终究会远行

教书二十年，当班主任就有二十年。这二十年，我接触过无数孩子，也接触过无数家长。总体看来，孩子是越来越可爱、聪明，越来越有个性，但同时有些孩子也越来越缺乏自理能力、反思意识与独立精神等。

这不，今年接手一个班，这样的感觉相对上一个班来说，更加强烈了。

新接手的这个毕业班，孩子们个性迥异，有的非常自信，性格张扬；有的比较霸道，有些情绪化；有的自理能力较差；等等。细细思量，有些孩子的不足可能是家长过于宠溺而导致的。

艺馨是个很漂亮的小女孩，眼睛大大的，能说会道。上课时，只要有问题，她便会立马举手回答。按说，这个习惯挺招人喜欢的，可一听她回答的内容，你便会感觉哭笑不得。这孩子常常答非所问，好似上课并没有在认真听，只是为了凑热闹而举手。下课了，她也不闲着，总喜欢黏着人问这问那，家长里短说个不停，一点都不把老师当外人。接触的时间越长，越能感觉到她的问题多。对于作业，她是想做便做一点，不想做便空着。问她，她便眨巴着大眼睛，很无辜或是很实诚地说“忘记了”“不会做”等。更让人无奈的是每一次回答问题，只要没叫她，别的孩子的回答她认为有问题，便张口就“纠正”，从来不会听别人讲完再发表意见。

树超是个比较帅气的小男孩，虎头虎脑的。这孩子只要与其他孩子发生冲突，第一反应就是将责任推给其他孩子。“他将我绊倒了！”有一次，我亲眼见他与另外一个孩子一道跑着，自己跑快了，摔了一跤，谁知他爬起来后却直接给了另一个孩子两拳。开学以来，这样的事发生了很多次，可每一次叫他来解决问题，他都不会认错，仿佛自己真的很无辜。“是他先惹我的”“我没碰他，他却说我”……

宸宇是个胖乎乎的小男孩，看上去憨憨的，平时脸上始终挂着温暖的笑容。每次放学排路队时，他都得磨蹭十分钟才肯离开教室。于是，一个班的孩子都在走廊上闹哄哄地等着，其他要从我们班门口经过的孩子也得等着。而他在教室里，看上去手忙脚乱地整理着书包，可怎么也整理不好。有一次见他鞋带散了，让他稍稍系一下，而他宁愿那样散着拖在地上，也不愿意蹲下来系。问他，他不在意地答道：“我不会系。”他还真不会系鞋带——在我的强烈要求下，他蹲了下来，折腾半天也没弄好，我只得蹲下帮他系上。而他则笑眯眯地看着这一切，一点也没觉得不好意思。

…………

孩子为什么会有这些问题呢？我想有部分原因可能是有些家长过于溺爱孩子了。孩子在家，家长精心照料着，细心呵护着，唯恐孩子受了伤害。而这些问题，说是在孩子身上表现出来，其实根本原因还是出在家长身上，出在家庭教育上。

那天上午，艺馨的妈妈来了。家长主动到学校来与教师交流，是好事，我也停下手头的事，与她交流。可聊着聊着我就感觉不对劲儿，她急切地想表达的并不是孩子这段时间在家的表现，也不是想了解孩子在校的表现，或者近来成绩怎样，而是认为自己的孩子这样挺好的。

“我认为，孩子就应该泼辣点，以后才会更有主见，才能独立自主，才能建立起她的自信心。所以我平时很少批评她，可能她有时也会比较调皮，还请老师多原谅点……”这位家长的观点，我难以认同，孩子的自信心不是靠泼辣、靠不顾别人的感受来建立的。况且，孩子如果只剩下自信心，就一定是幸事吗？基础知识的掌握、学习习惯的养成、与人交往能力的培养，不是“自信心”能代替的。

树超的爸爸来了，是我请来的，我想与他聊聊孩子的教育。“老师，我家孩子就是调皮，麻烦你多谅解。”他态度非常好，“这孩子，就是欠收拾。”可后面话锋一转，“唉，我年近四十才生的他，爷爷奶奶对他宠得要命，我们都得看他脸色。他一不高兴啊，连我们都会跟着挨骂。”……

这家长是来解决问题的，还是来诉苦的？或者是来推卸责任的？这样与我沟通，在我看来，只不过是纵容孩子的同时，推卸自己的责任罢了。只是，责任好推卸，孩子的教育怎么办？孩子的自控意识、交际能力等怎么培养？仅仅就是这样诉诉苦、道个歉就能培养好的吗？

宸宇的爸爸是通过电话和我交流的。听我说孩子在校的表现，孩子的父亲爽朗地笑了：“我家这小东西，太宠了！到现在吃饭都是妈妈在喂，我也劝了，但没用，到饭点不喂他就不吃，也不知道饿或不饿。穿衣服也是这样，热了不知道脱，冷了不知道添。”我感到一阵眩晕，难道这些在家长看来，还是很值得高兴的事儿？要不，他为何会以这样骄傲而自豪的语气告诉我这些？家长这样说，是想证明自己对孩子的好，还是想借此告诉我，他家孩子就这习惯，改不了，我最好不要过问？可是这样下去，孩子的自理能力、独立意识等又如何培养呢？

我知道，孩子的转变要靠这些家长的转变才能实现，否则，靠我的力量基本是无法实现的。可同时我也感受到，家长大多并不认为这是多大的问题。怎么办？我唯一能做的是与他们多沟通，看他们能不能认识到问题所在，能不能转变观念。

借着我的孩子与艺馨年龄相仿的优势，我顺利地将话题从艺馨身上转换到我的孩子身上。

“当初我的想法也与你一样，可渐渐地我发现孩子并不快乐。”我借着说自己的孩子来说艺馨的问题了，“孩子的快乐与自信，在很大程度上来自同伴的认可。我家孩子如果考试成绩不太理想，或是与同伴的交往不够好时，常会显得很沮丧。后来我才意识到，孩子如果成绩不够理想，或与人交往不够融洽时，她其实是快乐不起来的，也自信不起来，我们还是得给予她一定的帮助，让她在这些方面有所提升。”

艺馨的妈妈脸色有所变化，不知是因为听出我话中的影射来，还是真的认同我的观点。我继续说下去：“这几天我读到一篇文章，读完后感觉说得有道理。对于孩子来说，我不奢望她以后能成为学霸，也不敢奢望她以后能人见人爱，但也不想因为我的理念偏差而影响她的未来。如果早一点读到这篇文章，当年也许我会对孩子的管理更合理一些，让她少受一点挫折的。”

我找出那篇《正确爱孩子》，让艺馨的妈妈细细读一遍。一遍读完，孩子妈妈的脸色更沉重了，说：“感觉这文章说得的确有道理，看来，回家后我也得再提醒艺馨，好让她能有所改变。”后期，孩子的学习状态有了明显变化，作业质量也提高了。最关键的是，孩子与同学相处也没有那么自我了。这让我心里还是挺高兴的，因为在我看来，每一个孩子的进步都是值得高兴的事。

对于树超的爸爸，我无法批评他，因为他也说出了自己的难处。那么，换个角度来说吧。“是的，现在许多家庭只有一个孩子，都宠着。不仅自己宠，还有爷爷奶奶、外公外婆也宠，的确很让我们这些当爸爸妈妈的为难。”一席话，说得树超爸爸直点头。顺着他的话说，他当然不会表示反对了。“只是，孩子是我们自己的，如果孩子因为脾气不好而闯下什么祸，或者与人相处能力不足，我们的日子也会变得不好过。”这一点，树超爸爸大概平时没想过吧，他不自觉地点着头。

不过，这话多少有点小题大做，我便改换了一下语气：“当然，小时候个性强、调皮的孩子，长大后也并不见得一定会闯祸之类的。但如果我们现在培养孩子的自控意识，使他们能够做到与人为善，至少待人处事更有耐心、更温和一些，不也是好事嘛！”一席话说得树超爸爸咧着嘴笑了。相信，时时站在孩子的角度、站在家庭未来的角度与家长进行交流，那么家长多少还是会与孩子说一些道理的。

至于宸宇的爸爸，我只得耐下心来，慢慢与他交流。“是的，家长都爱孩子。只是我认为，宸宇已经十二岁了，应有的生活自理能力还是得培养了。今天，孩子的确对自己不会系鞋带没什么感觉，但明天也许就会有感觉了。男孩子，我们最好还是要培养他一些男孩气质。”这话可能有点重，便缓和了一下，“也许，仅仅不会系鞋带并没有什么问题，稍稍训练一下就能做到了。只是系鞋带的背后反映出孩子可能缺乏一定的自理能力，当他以后不得不独自面对生活时，他就会感到不安与胆怯。”

话筒那边沉默着，不知是思考的缘故，还是并不赞同我的意见，而又不好反驳的缘故。

“每天教会孩子一点，也许更好。三年后，他会进高中，再过三年他会进大学，然后，他会离家人越来越远，我们都不希望孩子独自面对社会时手足无措，对吗？”

聊了近十分钟，感觉差不多了，拜托他首先在家能够抽空训练孩子整理书包、系鞋带这些必备的技能，并思考一下孩子有哪些方面现在需要改变的，便道了“再见”，挂断电话。我想孩子的问题，不是一次谈话就可以解决的，只要有机会，还是适当提醒吧。

当面对宠爱孩子的家长时，作为教师，我们需要告诉家长的并不多，关键是让家长认识到孩子总有一天会独自远行。认识到这一点，多数家长会有一定改变的。而这样的改变，对于孩子来说，也是幸事，可以让他们的不足及时得到弥补，使他们的未来成长有着更强的动力。

孩子群体中存在的问题，远不止“被宠坏”这一种。他们遇到的问题，可能随着家庭教育观念的不同而不同。有的孩子会因家长过于严厉而魂不守舍，有的孩子会因家长过于冷漠而郁郁寡欢，有的孩子会因家长过分打击而自卑内向……面对这些问题，孩子因年龄过小，对社会、对自我的认识不够完善而无法解决，家长也因教育观念的偏差，或是对孩子的关注不够而不能发现。这就需要外力的帮助——帮助家长改变不当的教育观念，加强对孩子的关注。这种外力的来源很广，但最直接的是来自与孩子关系密切的教师。因为在日常生活中，与孩子联系最多的，除了家长，还有教师，其他人群因与孩子接触较少而很难发现问题。

可以说，师亲之间如果沟通不畅，对孩子的负面影响是巨大的，甚至会导致孩子出现各种极端情绪或极端行为。而师亲之间如果能建立良好的沟通，可以使孩子及时获得帮助，得到最有效最合理的教育。

当然，师亲沟通良好，除了让孩子获得更有效更合理的教育外，也有助于减轻孩子的一些不必要的心理负担。许多孩子是敏感的，对于成人来说很简单的一些问题，对于敏感的孩子来说可能就是一道跨不过去的坎。而如果师亲双方对孩子的要求恰恰相反，对于孩子那稚嫩的心灵来说，无异于经历了一次“血与火”的考验。当他们无力平衡并化解这种矛盾时，内心的压力又该有多大！

案例4 当面对“自作主张”的家长时

有一天，批改到小欢的作业时，发现他的作业居然有好几题空着。这孩子平时虽然成绩不是太好，但以往该做的作业从来没出现过这样的现象。这到底是怎么回事呢？

趁着课间的时候，我将孩子请到了办公室，想了解一下情况。孩子很胆小，进到办公室后显得格外紧张，将头使劲地低着，怎么问都不肯说话。没办法，我只能让他补做。批评他是不行的，孩子本来就胆小，再批评他，就更胆小了。可让我没想到的是，隔了一两天，这样的现象又一次出现了。

将孩子再次请到办公室后，我决意要弄清楚是怎么回事。孩子依然僵持着不肯告诉我原因，但我决意要将问题解决。于是，我便告诉他，可以选择由他自己来告诉我，也可以选择继续不说，由我打电话给家长来共同解决这个问题。当听到我说要打电话给家长时，孩子的眼泪流了下来。安慰一番后他告诉了我原因。原来，是他父亲给他布置了大量的抄写作业，抄完后基本就到了父亲规定的睡觉时间了，所以我布置的作业就没能做完。

我不由得想到了这孩子的父亲。这孩子胆小，可他父亲的性格却截然相反，给人一种自大的感觉。这样的人，往往也不太好沟通。之前带过这孩子的老师，也曾经提醒过我这孩子的父亲不好沟通。在我刚接手这个班时，孩子父亲就比较强硬地向我提出过一些不合理的要求，当然，我并没有满足他的要求，后期也就明显感觉到他对我的态度不是很友好。因此，当孩子出现些许问题时，只要我还能解决好，也就尽量不去麻烦他。

现在我不得不去麻烦他。我给孩子布置的作业，对孩子来说可能不够合理，没能做到分层布置，但相对家长所布置的机械性的大量抄写来说，是更有利于孩子学习兴趣的保持，以及基础的夯实。

家长给孩子布置这样大量的作业，对孩子来说是一种难以承受的压力。对于孩子来说，家长布置的作业不敢不做，老师布置的作业也不敢不补。偏偏孩子的学习成绩不是很好，完成作业的速度又比较慢，可以想见孩子的内心有多崩溃了。

为了让孩子能够有一个好的家庭学习环境，考虑再三，我决意登门拜访，与家长进行一番沟通。

当我出现在孩子父亲面前时，他显然没有这样的心理准备，眼神中有着诧异的表情。估计，我可能是第一个登门拜访的老师吧。

进门之后我发现，孩子家庭的文化氛围挺好的——他家有一个书房，书房里的书柜上有许多书。看来，孩子父亲平时是喜欢读书的。

真正与孩子父亲聊起来后我发现，孩子父亲的文学修养挺高的，平时也喜欢写文章，曾在报纸上发表过。而我，也算是一个文学爱好者。有了这样的共同爱好后，聊天就变得轻松起来。聊聊彼此最近读过的书，聊聊对某些文学作品的认识，聊聊自己写作时的一些感受，心理距离也就慢慢近了起来。

火候差不多时，我开始与他聊起我这次家访的目的了。“真的，我小的时候其实最差的是语文。”我说道。孩子父亲也笑起来：“是的，当年我也怕语文，什么段落大意、中心思想之类的，实在搞不懂。”“我感觉现在小欢也有点怕语文了。”我委婉地说道。孩子父亲听出我的话外音了，对我说道：“可能与我这段时间天天让他抄写有关。其实我也不想让他做抄抄写写的作业，只是这段时间看他经常写错别字，有点着急上火，想看看多抄点是不是好一些。”

“我们小时候都有这样的经历，怕那些过于机械的背诵、抄写之类的作业，对于孩子来说，最好还是尽量避免这类作业。所以，我建议能不能将孩子的抄写变成听写？我想，只要孩子听写不出现错误，生字词的记忆应该是过关了。如果听写出现了错误，再让孩子将写错的重点记一下，可能效果会更好。”听我这么说，孩子父亲没表现出拒绝的神情，于是我接着说道：“我想，之所以我们现在还能写点文章，还想写点文章，多少是因为我们还有点这方面的兴趣。那么，如果能多给孩子保留一点兴趣，对孩子来说应该是好事吧！”

我在孩子家待了大半个小时，与孩子父亲之间的沟通还是挺愉悦的。而更让我愉悦的是，在后期的交流中，不知是有着共同爱好的缘故，还是孩子父亲对我产生信任的缘故，也没有了以往那种不自觉的抗拒。自然，孩子父亲也放弃了让孩子抄写生字词的做法，缓解了孩子的作业压力。

随着时代的进步与社会的发展，家长们的知识水平也越来越高，这对于孩子来说是好事。但值得警惕的是，虽然现在的家长非常关注孩子的健康成长，但有些家长的教育观念并没有提高。而且，他们可能还会因为自身文化程度较高，出现对自己家庭教育能力的盲目自信，从而对教师缺乏足够信任的现象。在这种情况下，以孩子的未来发展为立足点，找到与家长交流的最佳契合点与方式，对于孩子来说是十分重要的。也只有师亲之间拥有良好沟通的意愿，建立畅通的师亲沟通渠道，才能使家长真正从心底了解教师的想法，接受教师的意见，改变不合适的教育方式，从而对孩子进行更理性、更科学、更恰当的教育，避免孩子在行为习惯上出现偏差，以及产生不应有的压力，保障他们的健康成长。

总之，师亲良好的沟通也是学生的需要。只有师亲之间建立良好的沟通，才能使孩子获得良好的教育——包括孩子各方面习惯的培养、独立意识的养成等，也包括孩子生理和心理的健康发展等。只有师亲之间有着良好的沟通，在发现问题时才能及时找到解决方案，才能使我们对孩子的教育达到最优化，才能最大限度保障孩子健康成长。

三、良好的沟通，教师的需要

作为教师，我们都希望自己的工作环境能够更加和谐有序，而其中，我们不仅需要与学校的领导、同事、学生和谐相处，以营造良好的内部氛围，也需要与家长和谐相处，以营造良好的外部氛围。

只是，当下的教师与家长之间的地位有了些许微妙的变化。过去人们常说的是“师道尊严”，教师能够受到家长的绝对信任与尊重。因为多数家长认为，教师是教育孩子方面的绝对权威，从而愿意听从教师的安排。而现在，随着社会的进步与发展，家长的整体文化素质不断提高，这使得他们对子女教育提出了更多元化、更高标准的要求。家长们不再盲目遵从教师的意见，而是更加理性地参与到教育决策中来。在这种情况下，如果有了良好的师亲沟通，教师就能获得以往难以获得的来自家庭的支持，而如果没有良好的师亲沟通，家长参与教育决策的强烈愿望得不到满足，就可能成为家校共育中的烦恼。可以说，与家长能否良好沟通是教师能不能安心工作、能不能愉悦工作的重要一环。

案例5　“我要投诉你”

对于李老师来说，这真是天大的冤枉。

那天，学校临时召开教师会议，时间是上午最后一节课。开会前，李老师特意到教室布置了作业，并着重与孩子们打招呼，在教室里要遵守纪律，好好做作业，不能回头说话，更不能离开座位打闹。“班长维持好班级纪律，有不遵守纪律的同学先提醒一次，再次违纪就记录下来，我开完会回来再处理。”打好招呼后，李老师便去会议室开会了。

会上布置的事情挺多的，以至于散会后李老师刚走到教室门口，放学铃声就响了。于是，李老师在让孩子们将作业交上来后，赶紧组织孩子们排路队，将他们送出校门。学校让低年级学生提前十分钟放学，就是想缓解校门口的拥堵，今天已经够迟了，如果再耽搁下去，校门口会更拥挤的，这对于二年级孩子来说不够安全。此时，他还不知道在他不在教室的那段时间里，班级所发生的事儿已经给他带来了麻烦。

下午快上课前，有家长找到学校来了。这家长可能正在开货车，听到消息后往学校赶得急，车上的货都没卸就开到学校来了。他将车往校门口一停，并没有先去办公室找李老师，而是一头扎进了教室。

“我倒要看看谁这么狠，将我儿子头上打这么大个包！”家长情绪十分激动，在教室里大声嚷嚷着，将教室里的孩子们吓得不轻。其中几个孩子，赶紧跑去找李老师了。

李老师并不在办公室，而是到学校行政楼领材料去了。等他见到孩子们时，已经过去好几分钟了。接到孩子们的报告，李老师片刻不敢耽误，以最快的速度往教室赶。没想到，刚进教室，还没等他开口，家长便冲着他来了：“你这什么老师？居然让学生打学生？如果我家孩子犯了错误，作为老师的你打他几下，我一点意见都没有。可让别的学生打我孩子，坚决不行！”

李老师一听就蒙了：“我什么时候让学生打你家孩子了？”听李老师这么说，家长更激动了：“刚才我问打我儿子的学生，就是你们班的那个班长，他说是你让他打的，你还抵赖？你等着，我先将东西送回去，然后非去教育局举报你不可！”说完，家长不再搭理李老师，扬长而去。

家长走后，冷静下来的李老师找来班长了解情况。最终，李老师知道问题出在哪儿了。原来上午开会前他叮嘱班长管理纪律，并告诉班长“有不遵守纪律的同学先提醒一次，再次违纪就记录下来”，就是这个“提醒”给李老师带来了麻烦——班长的“提醒”是用棍子完成的，每当看到有同学不遵守课堂纪律时，他都会拿着棍子去“提醒”同学。当那个孩子回头时，他也用棍子敲了一下，手脚没轻没重的，就敲出问题来了。

明白了这些之后，李老师批评了班长。让班长回教室之后，李老师感到问题有点严重。对于班长打同学这件事，虽然自己真的不知情，也并没指使，但终究是自己班出了问题，自己的确有不可推卸的责任。怎么办？最好不要让事态进一步扩大，还得主动与家长沟通，该解释的解释，该道歉的道歉，给家长一个满意的解决方案。

李老师给家长打了个电话，确定家长现在正在家里后便赶了过去。路上，李老师还在担忧能不能够与家长沟通好，家长会不会继续发难，没想到，真到了孩子家后，问题却一点都不难解决，甚至这样的过程都称不上是去解决师亲之间的矛盾。

见李老师来了，家长并没有表现出在学校时的那种气愤，态度上很是客气。听了李老师的解释，家长并没有接着指责李老师，而是反过来向李老师解释，说自己见到孩子头上有个包，得知是别的孩子打的，反应过于激动了。“真不好意思，李老师，前面在学校时我太冲动了，你多原谅。”家长反过来向李老师道歉。李老师也再三致歉，说自己没对班长交代清楚，害孩子挨打了，也害班长有了心理压力……

最终，在相对和谐的氛围下，双方达成了和解，没有让事态进一步扩大。事情处理完，回到学校后，李老师内心依然很不平静，他对了解这事的同事说道：“以前我也认为有些家长不好沟通，但现在我知道了，家长不好沟通很多时候是由我们当老师的工作有了失误后，态度还非常强硬造成的。好好沟通的话，其实大多数家长还是非常通情达理的，愿意原谅教师工作中的失误。”

打开电脑搜索一下“投诉教师”这一关键词，便能看到很多关于家长投诉教师的帖子。从这些投诉中可以看出，绝大多数投诉教师的家长都对孩子的成长非常关注。而作为教师，我们更清楚教师群体其实希望尽量避免遭遇投诉或其他可能带来麻烦的事情，因为这些事情不仅会损害教师的职业形象，降低教师的职业成就感，还容易导致教师心理失衡，产生难以消除的负面情绪。这就引出一个值得思考的问题：当家长选择将孩子送入学校时，他们明知教师是孩子在校期间最重要的引导者，也并不希望与教师把关系闹僵，可为什么仍会有家长选择投诉教师？

李老师的话在一定程度上给我们以启示——家长之所以会投诉教师，在很多时候是因为他们感觉到教师不在乎自己的孩子，甚至会给自己孩子带来伤害。出于表达对教师的不满，或是保护自己孩子的考虑，他们才会去做诸如投诉教师以及别的比较冲动的事。

师亲之间良好沟通就能解决这些问题。只有师亲之间沟通顺畅，家长才能够了解孩子在学校发生了什么，他们才会选择尊重教师、信任教师，并原谅教师工作中的一些失误与不足。而这需要教师能够关注眼前的每一个孩子，并将对孩子的关注传递给家长，让家长能够感受到这种关注。也就是说，师亲之间保持良好的沟通，除了是家长与学生的需要外，也是教师工作的现实需要。

当然，良好的师亲沟通不仅能够帮助教师避免陷入投诉等负面事件，还能为教学工作的顺利开展提供有力支持。正如苏霍姆林斯基指出的那样，“教育的效果取决于学校和家庭的教育影响的一致性”。

案例6　发现孩子“早恋”后

一天，我打开QQ，看到晨宇新发了一条“说说”。

“XZ，感到悲伤时能躲到你心里歇歇吗？”这孩子，平时看不出来他这么多愁善感啊！便点开“说说”看了一下，这一看，看出问题来了。

这条“说说”的下面已经有人回复了：“可以。”点开一看头像，是秀真回复的。“说说”中的“XZ”，代表的是他的同桌秀真吗？

内心感觉有点好笑，这些孩子到底是当我不存在，还是不知道加我好友后他们的动态在我这儿都有显示？但接下来我就不感觉好笑了。虽然没见过他们在班级有什么过分亲昵的举动，但这样的内容多少还是显示出孩子有早恋的苗头，怎么办？

思来想去，我决定暂时不找孩子谈。第一，我没有太多处理孩子早恋这种情况的经验；第二，男孩是今年才转学来的，性格我还不太清楚。这两点加在一起，如果贸然找孩子来谈，谈不拢的话可能会给孩子带来心理压力，甚至会因此弄得满城风雨，使得问题更难解决。

我想还是先找晨宇爸爸谈谈吧，如果沟通顺利，就委婉地将事情告诉他，好让他能够帮着分析分析，共同面对；如果沟通不顺，就从他那儿了解孩子的一些情况，当是对孩子进行一个深入的了解，好为自己后面的处理提供依据。

接到我的电话后，孩子爸爸很快就来了。对孩子来说，他应该是个非常称职的爸爸，虽然孩子转到我班的时间并不长，但他到学校来的次数比非转校生的家长还多。他隔几天就会到学校来一趟，有时是接送孩子，有时是送午餐，每次来也都不忘特意与老师交流一番。

坐下后，我先与他随意聊了聊孩子在家的表现以及孩子近期在校的学习情况，然后慢慢聊到班级整体状况等。看爸爸对孩子教育非常用心，也比较能沉得住气，我便打开QQ，将早晨见到的那条“说说”给他看了一下。

静静地等他看完，还没等我发表自己的意见，他先笑了起来：

“这孩子，怎么能这样，这才来几天啊！这秀真我听他说了好多次了，应该是他同桌吧。”

我点点头，微笑着不作声，等他后面的话儿。

“老师，我儿子我知道，他就这样，谁经常与他玩他就与谁好，还喜欢胡言乱语。”孩子爸爸显然没有将这事当成什么大不了的问题。我倒有点好奇——他怎么这么有底气？

“在以前那所学校他也这样。”孩子爸爸接着说道，“整天缠着我说他班上哪个女生好，怎么在一起玩。那时我还真有点担心，怕他是早恋。有一次，老师给他换了个座位，同桌变了，自那以后，他就没再怎么提过以前的同桌，又变成新同桌怎么怎么好，怎么在一起玩的那些事儿了。”

看来，还是爸爸比我更了解这孩子，听他这么说我也就放心多了。

“我也与同事聊过这个孩子。有些同事说‘早恋’就是‘早练’，练习怎么表达自己的好感，练习怎么与异性交流。”孩子爸爸接着说道，“确实，想想我们小时候，所谓‘早恋’顶多就是感觉哪个女生好一些，与自己更能玩得来一些，其他想法好像还真没有。”

我也笑了，孩子爸爸说得似乎有点道理。

“这样吧，麻烦老师在可能的情况下，先给他换个座位，我回家再听听换位后他会跟我说些什么，拜托您了。”孩子爸爸向我请求道，“倒不是怕他真早恋，只是让他能多交几个朋友。我家这孩子是那种一根筋的孩子，不换座位的话，可能一学期下来，班上还有好多同学他都不认识。”

对于这样的要求，我又怎么能不答应呢？

送走孩子爸爸后，我试着调整了一下座位，给晨宇和秀真重新安排了同桌。孩子并没有什么不高兴、不愿意的神情，一切是那么自然，没有任何异常……

一段时间后，我又遇上了晨宇爸爸，他是来送孩子上学的。正好有空，便又与他聊了几句，顺便问了一下孩子换位后在家的状况。果然，与孩子爸爸说的一样，自从换座位之后，孩子在家与爸爸聊的，又是自己新的同桌及前后位的孩子了。

看来，对于孩子的问题，作为教师的我们如果把握不好该如何处理时，还是要学会多从家长那儿了解信息，多听从家长的意见，这样，处理起来可能会更好。

总之，师亲之间的沟通对于教师来说是非常重要的一项工作。要知道，家长是孩子的第一任老师，家长对孩子的关注与付出，可能超出教师的想象，而家长对孩子的了解以及对孩子的影响，在很多方面也是教师难以达到的。面对这么重要的资源，作为教师，我们不能将家长当作孩子教育的“候补队员”，而是要将家长当作与教师互为补充的重要力量。这就要求我们不能把家庭教育当作学校教育的简单重复，更不能把家庭教育看作学校教育的简单继续，而要将家庭教育作为与学校教育互为补充的一条重要途径。因而，在任何时候教师都不要对家长有过激的语言或行为，更不能因为学生有缺点、错误就不尊重家长。作为教师，我们只有信任家长、尊重家长，与家长保持良好的沟通，才能取得家长的支持和配合，让孩子获得更好的教育，同时也让自己的工作变得更轻松、更愉悦、更高效。

第二章 师亲沟通的内容

小昕老师很疑惑，为什么办公室别的老师与家长相处得那么好，而自己却总感觉家长不愿搭理自己？小昕老师这样想，并不是没有根据的。比如，开家长会，总有一些家长不来；来了的家长，也总有一些待一会儿便走了的；打电话给家长，总是聊了几句后家长便找借口挂了，电话打通后无人接听或不回电话的也不在少数。即便是平时遇到，聊上几句后家长便匆匆道别的现象也非常多。虽然家长们也都保持着应有的礼貌，离开时找的理由也都合情合理。只是，小昕老师依然感觉有点不太正常。要不，别的家长与老师聊天，常会聊到老师走时才会走，可自己与家长聊天，常常是自己感觉还没聊够，家长便要离开。

在平时的教育工作中，小昕老师是相对认真负责的，甚至可以说，是属于学校教师中责任心比较强的那类。可就是这样，她却在与家长的沟通中产生了挫败感，原因是什么？是她并没有认真去想自己该与家长沟通些什么。于是，她与家长的沟通中常会高频提到“成绩”“纪律”这些词。作为教师，与家长提孩子的成绩、纪律等是应该的，但如果过于强调这些，便可能遭遇一些家长的拒绝。因为，教师最想与那些成绩不够理想、不够遵守纪律的孩子的家长沟通，但如果见面只聊这些，可能会给家长一些诸如“你家孩子表现差”“你作为家长不够负责”之类的负面暗示，而家长所需要的根本就不是这些，所以逃避与教师沟通也就不难理解了。

这就要求我们在与家长沟通前，得先想一想，站在教师的角度，我们与家长沟通些什么，才能达到我们的目的。

师亲沟通的目的，无外乎以下几点：一是引导家长承担应负的责任，主动关注孩子，促使孩子健康成长；二是让家长的视线超越学校围墙的阻拦，看到教师所做的努力，避免师亲之间不必要的误解；三是激发家长参与班级工作的热情，主动为班级做一些力所能及的事，为孩子的成长营造良好氛围。那么，除了成绩、纪律之外，我们所需要沟通的更多是孩子的习惯、安全、健康、成长等方面。

我们还得考量一下，在家长的心目中，什么样的老师是“好老师”。当然，这并不是迎合家长，而是给予家长一定的心理安全感——只有家长认可老师，他们才有可能坐下来与老师好好沟通，才能真正用心听取老师的意见，也才能毫无保留地将自己的想法表达出来。也只有这样，师亲之间的沟通才能顺畅。

关于什么是好老师，我没做过调查，但有一些数据还是可以参考的。有学者在20世纪90年代曾对香港、澳门及珠海的部分家长，做过“家长心目中的好老师”问卷调查，结果显示，在家长心目中，“有爱心”“有责任感”这两点选择得最多，其次关注的才是教师的专业水平方面。这也提示我们，想要与家长顺畅且有成效地沟通，是否爱孩子、是否有责任感会是家长审视我们的重要选项。除此之外，才是对孩子学业上的关注。综上所述，与家长沟通时，教师应该关注以下几点。

一、关注孩子的身心健康

一进教室门，我便注意到小茗。这孩子，头发乱蓬蓬的，一看就知道没梳头。

“小茗，你早上又没梳头？”

一听我问，小茗的脸红了，说道：“梳了！”

“是吗，梳了头发还这么乱？”再细看，眼角还有眼屎，便顺口又问道：“脸是不是也没洗？”看抵赖不过去，小茗不好意思地捂住脸：“妈妈睡过头了，醒来看时间不够了，将我就这样送到了学校。”

听孩子这么一说，估计早餐也没来得及吃：“早餐没吃吧？”“没吃。”

好在办公室里备了点饼干，便将孩子牵了过去。头发我是没办法处理了，打水让她洗了下脸，递给她几块饼干勉强填一下肚子。

孩子回教室后，我想了想，拨通了家长的电话，请她到校接孩子时到我这儿来一趟。要知道，这可不是孩子第一次这样被匆匆忙忙送到学校来，除了没梳头、没洗脸、没吃饭这些，还时常忘带作业、课本之类，有必要与家长沟通一下。

中午接孩子时，家长来了，听我谈到这些时，她不好意思起来：“实在不好意思，是我们太马虎了，以后不管什么情况，都一定会先安排好孩子。”

也许，有些教师会说，不就是没梳头、没洗脸、没吃饭这些小事嘛，有必要与家长沟通吗？的确，这些是小事，但这些小事对于孩子的身心健康来说就是大事。可以毫不夸张地说，在教育中没有什么比孩子的身心健康更重要的了，关注孩子的身心健康，是教师最重要的工作。我们对孩子的教育，就是由这样一件件看似微不足道的小事累积起来的，而家长的信任也是通过这样一件件小事的交流建立起来的。

站在家长的角度来看，孩子那么小，是需要成年人照顾与呵护的，但学校的“围墙”阻挡了他们热切的目光，使他们并不了解孩子在校的生活状态。而孩子又是随机分配到各个班级的，家长对于教师并不熟悉，更谈不上了解了。这样对学校、教师缺乏深入了解的现实，常常会引起一些家长的焦虑。出于保护孩子的目的，有的家长对教师虽然非常客气，但内心大多是持怀疑态度的，这也就导致师亲之间形成了一道无形的墙。

也就是说，当下的教育中，师亲之间的信息是不对称的，有些家长对教师是缺乏足够信任的。这样的状况常会导致师亲之间无端的争执与矛盾，而消除这些争执与矛盾的最好方法，就是加强在这些看似无关紧要的小事上的互动。

案例7　“小事”的意义

每位教师的眼前，都至少有一个班的孩子，这一个班的孩子背后，又有着远远超出一个班孩子数量的家长。面对这些背景不同、经历不同、个性不同的家长，如何与他们和谐相处，对于教师来说是一个巨大的考验。甚至毫不夸张地说，与家长相处得如何，直接影响着我们对孩子的教育效果。

从事教育的时间越长，就越能感觉到家长与家长之间是有着巨大不同的。有的待人热情，不管你在忙什么，都拉着你聊东聊西，如同你是他熟识的朋友一般；有的对人冷淡，见面一句话也没有，甚至只是让孩子过来，自己则远远地站在一旁，事情交接完拉上孩子便走；有的举止文雅，说话非常柔和，从头至尾保持着得体的微笑及应有的礼貌……怎么获得家长的信任？这靠的不是自我标榜，而是工作中那一件件小事。

小豪的家长来接小豪，在教室门口遇上了我。“老师，我家孩子近来表现如何？”家长热切地问道。“小豪挺好的，脑袋瓜转得快，举手发言也很积极。这孩子是棵好苗子。”小豪也在旁边听着，眼神里透露着获得表扬的渴望，我便伸手拍拍他的肩膀，“如果能将字写得更工整点，就更了不起了。”孩子咧嘴笑了，家长也笑了。

小怡的家长到办公室来了，是来找我聊孩子近况的。“这孩子挺有灵气，下课没事就找我聊天，说起来没完没了，是个典型的‘小话痨’。她的想象力也非常丰富，读起课文来字正腔圆。只是，上课容易走神，需要不断关注与提醒……”既然来了，该与家长聊的还是得用心聊。听我这么说，家长笑着说道：“在家也是这样，总是拉着我们说话，近来回家总是说到你……”

“这段时间孩子比入学时好多了，应该是适应了学校氛围吧。不过，也是适应了学校氛围的缘故，近期课间玩得比较疯，安全上面我们还得多提醒孩子。”小亮的家长在校门口接小亮，见到他，我主动打了个招呼，与他攀谈起来。对于我所说的，家长也感受到了。“是的，这段时间孩子很开心，说他交了好多好朋友，下课经常在一起玩游戏。”想了想，他接着说道，“安全上面我回家多教育，给老师添麻烦了……”

每当接手一个新班级，我提醒自己努力去做的，没什么大事，都是一些小事：提醒自己尽快能叫出班级所有孩子的名字；提醒自己不忽略与任何一位家长的交流；提醒自己尽快了解每个孩子的特点；提醒自己多观察班级孩子的情况，好告诉家长需要为孩子准备些什么……

因为我知道，当这些小事呈现在家长面前时，家长所感受到的，是教师的善意，是教师对孩子的关注，是教师自身的责任心与专业性。而这些，也的确可以让孩子尽快熟悉小学生活，身心愉悦地融入班级这个群体，进入小学生这一角色。

我们常说教育无小事，这里的“小事”是从教育意义上来说的。我们所要做的，就是通过教育生活中的一件件小事，向家长传递自己对孩子的关注、对教育的执着，从而让家长看到我们的专业素养、我们的努力。而很多时候，这样的小事是能够让家长对教师产生足够信任感的。有了这样的信任感，家长也就愿意站在教师的角度去看问题，从而理解教师的工作，与教师和谐沟通了。而这种基于小事的交流与沟通，有些时候也的的确确能够达到教师想要达到的目的——养成孩子良好的习惯，提高家长的责任意识，使孩子获得健康成长。

案例8 爱“求情”的家长

新接手的那个毕业班中，小艺的学习习惯很是让我头疼，特别是那一手字让我头疼不已。

小艺的家长隔三岔五会到学校来，她很善言，一聊就是一节多课，常会聊到我不得不去上课才算告一段落，然后又去其他老师那儿。

才开始接触，我便感觉到，小艺家长来得这么勤，目的不仅仅是了解小艺在学校的情况，而是为小艺“求情”来了。因为，家长话里话外都在表达一个意思——要给孩子一个快乐的童年，希望作为班主任的我及其他老师，能够对她的孩子更宽容一些。面对这样的家长，该怎么办？

熟悉一段时间后，也在一定程度上了解了家长的所思所想，我便开始准备与家长进行更充分的沟通。每次沟通的时候，把握一个重点为好。这不，小艺妈妈趁着来接小艺的机会，又提前十多分钟到办公室来了。

“小艺妈妈，小艺这孩子真的挺好的。只是，我接手这个班有段时间了，我基本没见到他笑过。”这次，我主动挑起了话题。

这一点，小艺妈妈也是有同感的：“是的，总感觉他没精打采的，不像他这个年龄的孩子。”

“您对孩子比我更了解，据您判断，可能是什么原因引起的呢？”不轻易下结论，我将分析原因的任务交给了小艺妈妈。

可以看出，小艺妈妈并没有思考过这个问题，有点犹豫：“我们也弄不清他为什么会这样。按说他吃的、喝的、用的也都不比别人差，有机会出去玩也都带着他……”

停了一会儿，她接着说道：“只是，这孩子向来话少，也没什么朋友，可能有点孤单。”

这就是我一直等着的切入点了：“是的，接手这个班以来我发现，小艺在班级里基本没什么朋友，下课也很少与其他孩子一起玩。我也一直在思考，为什么会这样。您认为是什么原因？”

吞吞吐吐了半天，小艺妈妈说：“我问过他，他说别的同学不愿和他一起玩。”

“您认为可能是什么原因造成的？”其实我知道，这个班孩子的表现两极分化比较严重，一般来说，孩子平时表现如何决定着他们玩伴的圈子。至于小艺我也找他聊过，表现好的孩子不愿与他玩，他又不想与表现差的孩子交往。虽然我竭力想改变这种状况，但接手班级时间较短，没有明显的效果。

果然，小艺妈妈所想的，与我所了解的一致。可见，她也的确对孩子比较上心。

接着这个话题，我开始进入正题了：“小艺妈妈，其实我也挺想小艺能够更快乐一些的。的确，孩子这么大，成绩只要保持在相对合理的范围内，问题都不大，但孩子自信心的建立需要关注。目前看来，小艺可能受到的批评较多，表扬较少，影响了他的自信心。我们能不能共同努力，多给孩子一些建立自信的机会？”……

就这样，通过小艺平时很少有笑容这个细节，我成功地与小艺家长达成了一致——该培养的好习惯要培养，该要求孩子的地方要要求。而每次较为正式的沟通，我都会先想好交流的重点是什么。于是，从写字规范到作业正确率，再到做作业速度、学习专注力等，在与家长密切的配合下，小艺也一点一点进步着。

除了小艺家长外，其他家长我也都这样一个一个针对孩子的不同情况，从孩子平时的身心健康方面着手，与他们进行了深入交流。这样的交流使我能够在获得家长信任的同时，较为顺利地让家长在一定程度上接受我的教育理念。于是，慢慢地，班级氛围有了很大改观，孩子们的表现也有了较大改变……

总的说来，教师眼前的那一个个孩子可能只是群体中的一员，但对于家长来说，个体的孩子可能就是他们的全部。因而，他们需要感受到教师表现出来的对孩子的善意。这种善意，并不是开家长会时与家长交流一下就能够体现的，也不是只对家长说孩子的优点就能够表达的，而是需要教师在与家长的沟通中，能够实实在在站在孩子成长的角度，平心静气地与家长沟通。而在孩子成长方面，有关孩子身心健康的话题无疑最能打动家长的心，引发家长的共鸣。教师如果常与家长聊这样的话题，相信师亲之间一定能够和谐相处，孩子也会从中获得很多。

二、关注家长的不当教育方式

两个孩子发生纠纷，在班级里大打出手。小芳老师处理过后，感觉有必要与家长沟通一下，便打电话邀请家长到校面谈。

听说是孩子在学校打架，家长来得挺快的，其中一位家长十分钟不到便赶到了小芳老师的办公室，问了自己孩子几句话后，感觉自己孩子“吃了亏”，家长便朝自己孩子吼了起来：“你怎么回事？人家打你都不敢还手？下次他要再惹你，你就打回去！我倒不相信，他就这么狠？……”看到家长情绪激动，小芳老师便劝起家长来，可怎么劝都劝不住。家长骂过自己孩子后，又转过头来威胁另一个孩子：“下次你要再碰他，我一定饶不了你！我倒要看看，你家长是怎么教育你的……”边说还边作势要拧那个孩子的耳朵。好在小芳老师察觉到了这种倾向，一边阻止家长，一边将那个惊恐万状的孩子护住。

不一会儿，另一位家长也来了。见到自己孩子正在大哭，看着旁边那位先来到的家长的脸色，立马明白了是怎么回事。于是，办公室里便有了一次激烈的争吵。

“我就不明白，现在的家长怎么了？好好地叫他们来商量孩子的教育问题，结果问题没商量，她俩倒给孩子上了相反的一课！”小芳老师无奈地抱怨着。

在当今社会，尽管经济发展取得了长足进步，教育也日益受到重视，但有些家庭的教育理念却未能与时俱进。于是，家长对于孩子的教育存在偏差的现象也就存在了。而这样的偏差，在一定程度上会影响孩子的健康成长。所以，作为教师，我们需要与这些家长进行沟通，帮助他们转变教育观念，转换教育方法，以保证家庭教育不会成为学校教育的负面力量。

案例9 伸手“求打”的孩子

小安有一个特点，每每叫他到跟前，他都会伸出手来。伸手干什么？让我“打板子”。这么小的孩子，怎么会这样？我颇感无奈。

在与小安妈妈沟通前，我就有了一定的判断。小安的妈妈我见过，挺在意小安的。每次都是早早等在校园外，只要下雨，学校允许家长放学后到校园接孩子，她都是第一时间来到教室外；每每见到我，她也都会问上一句：“老师，我家小安今天在学校表现怎样？”表现怎样？还是那样——上课容易走神，课下喜欢与同学打闹，而且一旦将同学弄哭了，或是上课明显不守纪律了，只要叫到他，他立马表现得很害怕的样子，低着头，用余光关注着我的一举一动，然后伸出手来“求打”。

基于小安妈妈及小安的表现，我认为这与小安妈妈的教育方式有关——在家对小安比较溺爱，且缺乏适当的教育方法。正是因为缺乏适当的教育方法，她很少与孩子深入沟通，面对孩子犯错，通常都是以“打”来威胁；也正是因为比较溺爱，她的处罚也只是“蜻蜓点水”一般，不会给小安留下什么印象。这样，就给小安留下了犯错只要伸手“求打”就能解决问题的印象，所以他才会有这样的举动。

小安妈妈来了，一番沟通之后，我发现自己的判断基本正确。的确，作为家中唯一的孩子，父母对他的期望很高，特别是母亲，为了能够更好地照顾他，在家做全职妈妈，整天视线就在他身上。可母亲文化程度不高，也缺乏与孩子沟通的技巧，遇到问题时的举动基本与我判断的一致。

这样的孩子，缺的到底是什么？我想，当孩子对所谓“惩罚”习以为常时，其实表明他已经缺少了成长中必要的认可。只有给予孩子充分的认可，以培养其应有的自尊与自信，孩子才可能有大的转变。因而，在沟通中我给了小安妈妈这样一个建议：不要光盯着孩子的不足，也不要以“打”来威胁孩子，而是充分给予孩子鼓励。这样的鼓励并不是随机的，而是要坚持很长一段时间且有条理的。不妨与孩子共同记录一天中值得表扬的一些举动，让孩子看到他其实能做好很多事情，从而树立改变自己的信心。在这样的基础上，逐步提醒孩子改变一些不好的习惯。而且，我进一步提醒她，也不要期望孩子很快就能做到她所希望的那样，而要在不断认可的基础上，每天坚持了解孩子的进步，在适当提醒中慢慢改变孩子……

沟通是艰难的，也是必要的。在以后的日子里，这样的沟通又进行了好几次，我们在回顾前期成果的同时，又进行了一定程度的判断与调整。不知不觉，孩子已经三年级了，犯错就伸手“求打”的现象早已不再出现了，更重要的是，在这个过程中，家长的教育理念及方式有了很大的改变，孩子也获得了很大的进步。

教师所面对的家长是多种多样的。表现优秀的家长，有着相似的表现——他们既重视孩子的学习，也重视孩子的身心健康。但表现不够理想的家长，却各有各的表现——有的家长认为自己没上什么学，现在过得也不错，对孩子的学习不太关心；有的家长过于强调孩子的学业成绩，却并不在乎良好习惯的养成；还有的家长对孩子的教育过于简单粗暴……作为教师，我们需要关注这些表现不够理想的家长，因为他们不当的教育方式对孩子的成长而言，影响是巨大的。只是，我们在面对这样的家长时，不要抱有成见，而是在做足功课的情况下多与他们沟通，在尽可能的情况下指导他们，使他们具备一定的家庭教育的能力与技巧。

隔代教育，在当下也是一个绕不过去的话题。祖辈的照料对于孩子来说也常会有很多问题。典型的问题有两类，一类是现在的孩子大多是独生子女，祖辈对孩子过于溺爱与迁就，加上他们大多受自身受教育程度不高等因素影响，常会重养轻育，导致孩子可能出现过于任性、依赖性强及自理能力差等问题；而另一类则是因远离父母，祖辈又缺乏相应的教育知识与方法，导致孩子缺乏心理安全感等问题。这些家庭隔代教育所表现出来的问题，往往可能使孩子表现出言行失当的问题。

因而，当遇到祖辈教育不够恰当的情况时，教师不要因为感觉与孩子的祖辈沟通意义不大而回避问题，而是要对这些作为孩子实际监护人的祖辈们进行一定的引导，在给他们提供必要帮助的同时，要转变他们的教育观念与教育行为，保证孩子能够健康地成长。

案例10 担心奶奶健康的孩子

开学以来，小丽的状态很不好。原本有着灿烂笑容的她，现在脸上布满了阴霾；原本上课很专注的她，课堂上睡着了好几次；原本作业工工整整的她，居然也多次出现字写了一半就不写的现象。

刚开始出现这些现象时，我认为是孩子爸爸外出打工的缘故，特地找孩子来聊过好几次，告诉她爸爸外出工作是为了使家里的经济条件能改善一些，并鼓励她努力学习，好让爸爸在外能安心工作。孩子也如以往一样表现得很乖巧，连连点头，说自己会努力。之后表现会好一些，但稍过几天，这样的现象又出现了。这孩子到底是怎么了？

读孩子的周记，我看出些端倪。“夜里惊醒，听到奶奶那轻微的鼾声，心里稍稍安定一些。爸爸出去打工了，至少奶奶还在我身边。只是，后面的时间却怎么也睡不着了。迷迷糊糊中想了很多，想得最多的是奶奶的劳累，想着她为我和弟弟忙前忙后。唉，奶奶如果不在了，我与弟弟又该怎么办？……”

一个十来岁的孩子，怎么总是想着奶奶会不在了？我有点疑惑，但也拿不准到底是怎么回事。

小丽到办公室来订正作业，订正好后，我便与小丽聊起了她的周记。当聊到其中关于奶奶的那一段时，小丽的眼圈红了。原来，奶奶身体不好，但为了家里的经济状况能够更好一点，在孩子妈妈离去的情况下，主动承担下了照顾她与弟弟的责任。那么，担心奶奶“不在了”又是怎么回事？原来，奶奶常在小丽面前絮叨，说小丽爸爸挣不到什么钱，小丽要努力学习，如果不努力，奶奶“死了”就没人能照顾她与弟弟了。听孩子这么说，我感觉有必要与奶奶谈谈。毕竟，十来岁的小女孩，如果缺乏足够的安全感，对她的成长来说是非常让人担忧的。小丽当下的状况，应该与爸爸外出打工及奶奶的这些不当絮叨有关吧。

奶奶的确很关心小丽，听我说了小丽近期在校的种种表现时，显得很紧张：“老师，她这是怎么了？以往不是挺好的吗？怎么现在这样？”安慰好奶奶的情绪后，我委婉地说道：“老人家，教育孩子时我们得考虑孩子能不能承受这些。您对小丽的好我们当老师的都能感受到，小丽在作文中常写您。只是，您在教育孩子时不要将您老人家‘百年’之后小丽会怎么可怜挂在嘴边。您看，您只是说说而已，可孩子胆小，心里害怕着呢！这不，上星期六晚上她就没睡好，半夜醒了怕您老人家有什么事，后面都没敢睡。”

“这孩子，怎么这么多心思，我只是无意中说说……”老人半是欢喜半是不好意思。欢喜的是小丽对她的在意，不好意思的是自己影响了孩子吧。

“那话也不要再说了，孩子毕竟是孩子，影响她的安全感就不太好了。以后要与孩子聊天，就多提提您对她的喜欢，多说说您对她的希望就好了。”想了想，我又提醒她道，“还有，小丽爸爸能不能挣到钱，也不要当孩子面说了，这些不是孩子操心的事儿，跟她说只能让她胡思乱想，精力集中不起来。小丽聪明又敏感，您与她说什么，她都可能放心上的……”

一番沟通，连去小丽家来回的时间算在内，花了近一个小时。但我感觉这近一小时的时间花得值，至少我让孩子的奶奶知道了自己在与孩子相处时到底该怎样去想问题，到底该怎样与孩子沟通才算恰当。

是的，类似这样的交流并不能给孩子的学习带来多大的帮助，但我相信，必然可以让家长对孩子的成长更加关注，也可以在一定程度上减少他们因不恰当的言行可能给孩子带来的伤害。而像这样不当的家庭教育方式还有很多，比如对孩子的期望过高，常对孩子说教、唠叨，引发孩子的叛逆与对抗；过于关注孩子，使孩子缺乏应有的自由空间，引发孩子的焦虑；等等。这些也都是我们作为教师应当与家长沟通的，也只有在沟通中关注这些，才能使孩子获得更好的成长，才能让家长感受到教师的爱心与专业，才能在教师与家长之间建立起和谐信任的关系。

三、关注家长的意见与建议

芬芬老师对班级学生的家长颇有意见："唉，我们班的家长，天天来找我。就说这个星期吧，周一有家长来要求调换座位，说是同桌影响了她家孩子学习；周二有家长来调查情况，说是有孩子欺负她家孩子；周三有家长来责问我，说她家孩子为什么没能参加绘画比赛；周四有家长来向我建议，说孩子的作业能不能多布置一点；今天最好笑，有家长来给我提议，不要弄什么小红花，说那样对孩子不好……"

面对一些家长的意见或建议，作为教师我们时常感到无奈。是的，教师的工作本来就繁重，除了上课、管理班级、做孩子思想教育工作、完成各种各样的任务外，有时还会有一些家长以各种各样的理由来为自己的孩子争取利益，确实会使教师有疲于奔命的感觉，抱怨也就不自觉地出现了。比如这儿的芬芬老师，随口一说就说出了这么多，可见一周之内因类似的事情她得花多少精力。

只是，再抱怨也得去做这方面的工作，原因很简单，只有处理好家长的意见或建议，类似的事情才会逐渐减少，教师才会越来越轻松。而回避这些事情，只会让矛盾越积越多，且这些事情聚集起来产生的影响不会自己消弭，最终总会以另外的形式出现，到那时解决的难度比现在可能要大得多。

再换个角度去想想，家长给我们提意见或建议，对于我们来说也是有很多好处的。首先，说明家长比较关注孩子的学习，重视孩子的发展。有了这样的关注，作为教师，我们的教育压力会减轻很多，因为这样的家长是能够与教师一道教育孩子的。至少，这样的家长比那些长年对孩子学习不管不问的家长好很多。其次，说明家长与教师的心理距离并不远，还能够沟通与交流。最后，可以使教师看到自己可能的或潜在的不足，从而有提高自己工作能力、改善自己教育方法的可能。一般来说，一个教师，如果没有一个家长给他提过任何意见或建议，那么有两种可能，要么这位教师的工作无懈可击，要么这位教师过于强势，而后者的可能性更大。最好的做法是，当家长提了意见或建议，教师要积极回应并设法去解决，这样才能使工作更有成效。

因而，作为教师，我们对于家长合理的意见与建议，应该学会认真倾听，积极沟通，化解已经出现或可能出现的问题，使自己的工作始终处在主动的位置。

案例11 一个家长与一群家长

班级群里，不时会有消息传来。“老师，我家孩子现在在干什么？”“老师，能拍几张照片发到群里吗？”“老师……”看似很热闹，其实只有一位家长在不停地发信息。这位家长的目的很明确，就是想让小芬老师拍几张自家孩子的照片发群里。

看看隔壁班的李老师，举着手机猫着腰，不停地跑前跑后。“来来来，你们这几个，摆个‘Pose’，老师给你们拍个照！”“笑得很好看，真好！”“往左一点，靠拢一点，好——”

不用说，他们班的家长群里肯定也有家长让老师拍照。看李老师忙成这样，跑来跑去的，很是辛苦。唉，李老师也太在乎家长的意见了吧。小芬老师这样想着。

李老师终于忙完了，在旁边喝水。小芬老师凑过去，与李老师闲聊起来：“今天够累的啊！”“是啊，这么多孩子，又这么小，哪能不累。”李老师一边回应着，一边眼睛盯着孩子们。

“你们班家长也在群里要您给学生拍照？”小芬老师问道。李老师笑了：“是的，每个家长都会想看到自己孩子的。我们班四十二个人，我忙了半天，算是每人都拍了一张。”

这下轮到小芬老师吃惊了："天啊，您还每人都拍到了？"李老师说："那当然！照片拍得好不好，我只能尽力，但每个孩子都有家长在看着，也不好少了谁家的孩子。"

小芬老师感叹道："天啊，我还是算了吧。要拍这么多！再说，我们班家长不像你们班家长那样在意，到现在只有一个家长在问。"听小芬老师这么说，李老师笑了："先拍几张发你们班家长群里试试？"看着李老师的神情，小芬老师有点疑惑——难道，拍了照片发到家长群里会有什么不同？

小芬老师悄悄走到自己班孩子身边，举起手机，拍下那几个围着石桌玩游戏的孩子，发到群里。孩子们很投入，根本没发现老师在拍他们，效果自然非常好。

"谢谢老师！看到我家宝贝了！""谢谢老师！孩子们玩得很开心！""老师辛苦了！"小芬老师以为只有那一个家长在关注群消息，没想到照片刚发出去，发现有一批家长在线。当然，也有家长有点失落："我家那个也不知疯到哪儿去了，没看到。""我家孩子有点淘气，今天肯定玩疯了。"于是，小芬老师便如同前面的李老师一样，满世界地追着自己班的孩子拍照去了。过了好半天，感觉应该每个孩子都拍到了，小芬老师满意地松了口气。不过，想想她又不放心，在群里发了一条消息："各位家长好，如果没拍到您的孩子，请您发消息告诉我一下。"因为在不停地拍与发的过程中，小芬老师感受到了家长对孩子的在意。

群里一连串地回复道："看到我家孩子了，谢谢老师，辛苦您了！"的确有点辛苦，但小芬老师看着群里家长的消息，看着孩子们那一张张动人的笑脸，感觉自己的辛苦换来了孩子们值得珍藏的瞬间，还是非常值得的。

休息的时候，小芬老师忽然想到，有时一个家长所代表的其实是一群家长。只不过，在家长群体中，有的家长相对外向，愿意表达自己的意愿与想法，而有的家长顾虑多一点，不愿意明显表达自己的意愿与想法罢了。重视一个家长的意见，特别是在有群体性活动的时候，有时就是重视一群家长的意见。

是的，小芬老师意识到了这一点。而如果我们在平时的工作中，也能够意识到并牢记这一点，时刻提醒自己要重视家长的意见与建议，就能与班级所有的家长更好地相处，同时也能避免因所处立场不同而产生负面影响。

关注家长的意见与建议，看似是对家长的尊重，其实意义远比这深远得多。因为我们对孩子的了解程度一般来说是比不上家长的，当家长认真地向我们提出一些意见时，他肯定是考虑到了自己孩子的需求的。这些意见虽然并不一定合理，但基于家长对孩子的了解，至少在他的心中是对自己孩子有利的。关注这样的意见与建议，能够在一定程度上减轻家长的焦虑，也使我们能进一步了解关于这个孩子的情况。

作为教师，我们并不是完美的，所实施的教育行为也可能会存在一定不足。因为教育从来都是随着实际情况的变化而变化的，在一些孩子身上有效的教育行为，在另一些孩子身上也许并没有什么效果，甚至会有相反的结果。而我们教育行为的效果到底如何，最有发言权的，除了孩子，便是家长了。关注家长的意见与建议，在一定程度上有助于我们了解自己在教育过程中可能出现的不足，从而使我们改正不足，提升教育效果。

案例 12 不想让孩子当小组长的妈妈

媛媛妈妈来了，正向办公室张望，应该是没发现坐在角落里的家琪老师吧。但家琪老师看到了她，便招呼她道：“媛媛妈妈，这儿呢！”

家琪老师的招呼使媛媛妈妈很快找到了自己要找的人，但办公室里老师比较多，媛媛妈妈有点迟疑。于是，家琪老师便主动走出办公室，来到了外面的走廊上。

“老师，能不能不安排媛媛当小组长？”从字面上看，媛媛妈妈的话很流畅，但如果你也在现场，便可感觉到她语气中的犹豫。她那小心翼翼的表情，透露着她心底对于这场对话的紧张。媛媛妈妈就是这样，什么时候都会优先考虑自己的孩子，现在的她应该是怕自己所说的话会引起家琪老师的不满吧。

家琪老师有点不明白这是为什么。作为班主任，她与媛媛妈妈打交道的时间比较长，知道媛媛妈妈是个很在意媛媛成长的家长，也是一直支持媛媛能够多参与班级工作的，可今天她为什么会提这样的要求？要知道，就在上学期，她还说媛媛自从当上小组长，积极多了啊！只是，像媛媛妈妈这样对孩子特别在意的家长，直接问原因可能问不出来——她过于小心了，从来都不说班级老师或孩子有什么不好的地方，生怕会因此而影响孩子。今天来提这样的要求，在别的家长那儿可能没什么，在媛媛妈妈这儿，估计已经是酝酿有一段时间了。

于是，家琪老师留了个心眼，先不问原因，而是与媛媛妈妈聊了起来：“媛媛这孩子，一直以来表现都非常好，这应该是您这当妈妈的功劳。对媛媛来说，当不当小组长都不会对她有什么大的影响，她是那种什么时候都非常自觉的孩子，所以您说的我会考虑的。”

家琪老师说这些时，也在观察媛媛妈妈的表情。听到家琪老师说“会考虑”时，媛媛妈妈并没有露出轻松的表情。这有点不太正常，这样的要求背后肯定有什么原因。

“我想问一下，到底是您不想让她干，还是她自己不愿意干？”家琪老师话锋一转，终于问了自己最想了解的一些事。

嫒嫒妈妈叹了口气，说：“是我不想让她干的。”

“为什么？”家琪老师追问道。她知道，必须得问清楚这个问题，才能了解嫒嫒妈妈到底在想什么。

嫒嫒妈妈想了想，终于对家琪老师说出了不让嫒嫒当小组长的原因。“老师，我知道您对孩子非常好。今天这话我只对您讲，您可千万不要告诉数学老师。数学老师在班上布置了任务，让每个小组的组长负责帮扶小组里面成绩不好的孩子，成绩差的孩子如果成绩没有提高，组长会受批评的。自从数学老师这样说过后，嫒嫒总是很紧张，生怕自己会受批评，而昨天的考试，嫒嫒那个小组偏偏有两个孩子没考好。昨天嫒嫒回家后就哭了，说她没办法管住那两个孩子。我家嫒嫒胆子小，能力弱，所以我就想，能不能将这个小组长让给有能力的孩子去当。”

明白了事情的原委，家琪老师很自责。搭班的数学老师是新教师，也不知从哪儿学来这一招来抓成绩，而自己又没能发觉并及时与数学老师沟通。

“嫒嫒自己愿不愿意当小组长？”家琪老师问道。

“她是愿意的，只是我有点担心。”

“这样吧，暂时还是让嫒嫒当小组长，毕竟孩子自己愿意。您说的事儿，我会与数学老师沟通，看看能不能换种方式。放心，我不会让她知道是您提的意见。孩子成绩是需要关注的，但数学老师的方法我们再看看能不能有所改变……”

送走了嫒嫒妈妈，家琪老师又抽空与数学老师谈了一下这件事。对于家琪老师这样的“老教师”的意见，数学老师还是愿意听的。于是，除了劝数学老师换做法外，家琪老师还具体与数学老师聊了哪些激发孩子学习积极性的做法更科学合理，哪些需要避免……

家琪老师的事到这儿也就算结束了。但如果家琪老师是一个只管处理事情，并不关注家长内心诉求的教师，结果又会怎样呢？

重视家长的意见与建议，可能需要我们在一定程度上多付出一些精力。因为如果我们觉得家长的意见或建议有一定的价值，自然会去接受，也就意味着我们需要去做一些在这之前没意识到要去做的工作。但我相信，不管家长的意见或建议合理与否，我们重视了，就能为我们的工作赢得主动。家长不够合理的意见或建议，可以使我们更好地了解家长的所思所想，也可以为我们与家长进行和谐沟通提供必要的背景帮助。家长合理的意见或建议，可以使我们更好地做好自己的工作，取得事半功倍的效果。也就是说，无论家长的意见或建议是出于什么样的考虑，是否合理，只要我们用心听取、仔细斟酌，对我们的工作来说，都是有意义、有价值的。

当然，作为教师，我们与家长沟通时，除了要关注孩子的身心健康状况、留意家长的教育方式是否恰当以及倾听家长的意见与建议外，还需要注意很多方面，比如了解家长对班级工作的支持程度，了解家长的教育理念和教育方法，关注家长是否重视孩子的兴趣特长培养……之所以要关注这些内容，是因为这些对于孩子的成长来说都是必不可少的，也是教师能与家长有效沟通的必要基础。只有关注到这些，家长才能感受到我们对孩子的爱心与善意，感受到我们对家长的尊重及理解。有了这样的基础，才能减少师亲之间的摩擦，真正使师亲的教育力量都充分运用到孩子的成长上，在成就孩子的同时，也能使家长更关注孩子，使自己更轻松愉悦地工作。

四、关注与家长沟通的时宜

踏上讲台，我们都知道与家长沟通的重要性。是的，每个教师的眼前都有很多孩子，这也就意味着我们必须与很多家长打交道。只有与家长打好交道，取得家长的支持与配合，我们的工作才会更有成效。

只是，那么多的家长，我们又该怎么去打交道呢？

先不去考虑这个问题，而是从我们工作的自身特点去考虑，也许我们对此有更好的认识。我们的工作有什么样的特点？我们的工作是连续性、阶段性的。我们带一个班的孩子，不是一天两天的工作，一般来说，至少要坚持一学年，时间长的会一直带到孩子毕业。而这一学年或是带到孩子毕业的时间，也是分若干个阶段的。每个阶段，最少是一个学期。如果将一个学期细分，一般来说可分为学期初、学期中、学期末这三个小阶段。那么，我们就一起来探讨一下，在这三个小阶段中，作为教师，我们分别主要与家长沟通哪些内容为宜。也许，探讨好这些，有利于我们明白自己到底可以做些什么，应该做些什么。

（一）学期初，了解孩子

每个学期开始的阶段，都是教师最忙碌的阶段。各项工作都得做计划并形成文案，还得完成一些开学工作，再加上自己刚刚经历了一个相对较长的假期，不一定能及时适应开学后的作息时间，忙乱自然是难免的。

只是，家长并没有因这种忙乱而放弃与教师沟通的愿望。原因各不相同，但无外乎以下几个：如果是起始年级，包括新接手的班级，家长可能想从一开始便与教师建立一定的联系，使自己的孩子入学后能获得相应的帮助；如果是原先的班级，家长可能想针对以往的情况，与教师讨论一下和自己孩子有关的一些问题，为孩子后期的学习打下一个好的基础。家长有这样的想法，如果教师因工作的忙乱而拒绝或忽略，自然是不妥的。

那么，该怎么沟通才能既取得良好效果，又不至于过于忙乱呢？那就针对不同情况区别对待。

1. 起始年级，做好了解孩子及家长的准备

“老师，我家孩子有点小毛病，上次我已经跟您说过了，但体育课

您还是让她去了，要是出了问题，会给您添麻烦的。”家长的话，似乎很客气，但小妍老师还是能听出其中的不悦。家长什么时候与自己说过这事？自己怎么一点印象都没有？

起始年级，最容易出现的场景可能就是这样的。家长告知过教师一些事情，但教师根本没留下印象，这样的情况有时并没有什么大事，仅仅是家长略有不快而已，但有时却会引发师亲之间的误解，甚至闹成较为严重的问题。

除此之外，因为教师与学生及其家长刚接触，特别是小学阶段，教师对孩子的各方面情况不了解，在一定程度上也会造成工作的被动。特别是兼任班主任的教师，这种被动感可能会更强烈一些。比如小班干的培养可能找不到合适的人选，造成班级各方面工作都需要自己亲力亲为；学校或班级组织活动找不到相应的人选，需要再次去询问孩子，但孩子又不一定能说清楚……

因而，对于起始年级，首先要做好了解孩子及其家长的准备。那么，到底该怎么去了解更方便呢？可以在开学初准备一张调查表，让家长填写。

表格设置可参考以下内容：

学生姓名、性别，父亲姓名、电话，母亲姓名、电话，实际监护人电话，兴趣特长，曾获奖励，性格特征描述，家长对孩子小学阶段的发展期望，家长对教师的期望，需要教师关注的方面……

通过调查表，我们可以对孩子有初步的了解。至少，可以对家长眼中的孩子是什么样的有一定的了解。

填写兴趣特长、曾获奖励，是为了对孩子的才能有所了解。这样，无论是培养班干，还是参加相关艺体活动，都能在一定程度上做到有的放矢了。特别是培养班干，有的教师面对一群并不了解的孩子，只能凭着自己的印象“抓丁”，这样就可能出现被选中的小班干在工作一段时间后，教师发觉其并不适合，于是又急匆匆去换人的情况。而这样做，不仅影响了工作，也使得这部分被换下的孩子受到一定的心理伤害。

对孩子性格特征方面的描述，哪怕再简短的如“性格内向”“脾气温和”“有点倔强”之类的描述，都有助于我们更快地熟悉孩子。这样，就可以避免工作中因对孩子个性不够了解而带来的被动。比如，同样是与其他孩子发生冲突，对于性格倔强的孩子，我们所采取的策略可能与面对性格内向的孩子并不一样。了解孩子的性格，可以使我们在教育过程中掌握主动权，避免无意中造成师生间的对抗。

而让家长表达他们对孩子小学阶段的发展期望、对教师的期望，以及需要教师关注的方面，则是了解家长对于学校教育的期许，避免教师在教育过程中出现不该出现的问题。对孩子小学阶段的发展期望，可指导家长填写对孩子性格、兴趣特长、学习等方面的期望；对教师的期望，当然由家长自行填写，但最好是教师可以做到的方面；需要教师关注的方面，则可以填写孩子与众不同的方面，比如身体上有什么不方便之处，心理上有什么需要关注的地方，性格上有什么需要注意的地方，等等。

当然，以上内容中需要保密的部分，一定要替孩子保密。这一点也需要在调查表上显示出来，使家长能够放心填写。

这样一份调查表，实际上就是一次与家长相对深入的交流。有了这样的交流，教师即便是面对一个起始年级的班级，也能做到心中有数，处理事情当然也就顺手多了。

接手新班后，如果原来的班主任不方便联系与沟通，也可以借助这样的形式与家长沟通，以达到了解学生及其家长的目的。

2. 原任班级，做好了解孩子各方面情况的工作

每个假期过后，部分学生的状况可能会有所变化，包括他们的身体健康方面，也包括他们的心理、学习习惯以及性格等方面。开学初，教师有必要对孩子进行一个相对全面、较为细致的了解，这样才能更准确地了解孩子当下的情况。

案例13 给花儿以阳光

一个暑假过后，花儿明显变了：那双原本很有灵气的眼睛，变得黯淡了；原本收拾得很清爽的她，也有点不注意个人形象了；本来机敏可爱的她，反应也显得迟钝起来。这孩子，到底怎么了？

几次与她聊天，想从她那儿获取点信息，但她都说没什么。是真的没什么吗？我有点疑惑。

五年级的孩子，家长已经不再接送了，我只得打电话给家长，想让家长有空到学校来聊聊。但电话始终打不通，这又是为什么？

趁着下午没课，我去了孩子家。孩子是附近村子的，相对比较熟悉，也就很方便找上门了。见我来，孩子父亲有点吃惊，可能是没料到我这个时间段会上门吧。

一眼看去，我便发现孩子父亲非常颓废，头发乱糟糟的，很憔悴。看来，孩子的变化与家庭有很大的关系。走近他身边，酒味很浓。

“她妈妈跑了！”聊起孩子开学这一周多的表现，孩子父亲恨恨地说道，“孩子都这么大了，怎么狠得下这个心！”

原来，就在这个假期，孩子的母亲因家里的种种问题离家出走，而且明确表示不会再回来了，离婚已经是板上钉钉的事。只是孩子的父亲走不出这种愤怒，不愿办手续，并整天在家借酒浇愁。这样的家庭状况，孩子怎么可能高兴得起来？又怎么能够将注意力放在学习上？我便也明白了，为什么在我询问时孩子什么也不肯说。

我无心打探别人的隐私，也就不问孩子母亲现在去了哪儿。但有些话，还是需要站在孩子的角度与家长交流一番。

“说实话，花儿是个挺好的孩子，只是最近一段时间可能压力比较大。”我委婉地说道，“目前你家里的情况我不方便说什么，也说不了什么，但需要提醒的是，孩子妈妈离家出走了，不管后面的情况如何，希望作为父亲的你还是要认真想想，毕竟你还有个孩子需要照料。”

“我知道，这段时间可能吓着她了。今天您来了，我知道这样下去对孩子会有很大伤害。后面我努力不去想这回事，努力照顾好花儿就好了……”

聊聊孩子的未来，聊聊该怎么对孩子，再聊聊怎么管理好自己的情绪，将近一个小时的时间就这样过去了。不管孩子的父亲能不能走出目前这种状态，对我来说都是有一定收获的。至少，我知道了孩子发生变化的原因所在。

可能是父亲走出了阴影的关系，也可能是那次的家访有了一定的作用，或者是我了解情况后与孩子的沟通有了一定的效果，总之，孩子的状态在一点一点地恢复。可能孩子恢复到原来的状态需要一段时间，但我相信，只要发现问题时多与家长沟通，多了解孩子发生变化的原因所在，并采取一定的行动，就一定能将对孩子的不良影响控制在最小的范围内，使孩子得到应有的安慰与保护。

一个假期过去，绝大多数孩子的家庭不会有太大的变化，但个别孩子的家庭可能会出现这样或那样的变故。这些变故与教师没有什么关联，但如果教师不能及时发现，并与家长取得联系，适当沟通，孩子可能会很难摆脱内心不良情绪的困扰，这样对他们的成长会有很大的负面影响。

除去家庭变故，一个假期的时间，孩子接触的方方面面的事物比较多，学习的态度、生活习惯，以及价值观等，都可能会出现一定的变化。这些变化，有些是正面的，需要加以呵护，有些是负面的，需要加以引导。而对孩子假期变化感受最大的，也是最了解的，当数天天与他们相伴的家长了。

开学阶段，通常也是家长们的诉求集中爆发的时间段。有对学校相关问题的诉求，如感觉以往学校哪些要求不够合理等；有对班级相关问题的诉求，如座位安排等；有对教师相关问题的诉求，如对教师的作业安排与批阅等方面提出一些建议等。在这个时间段，教师主动与家长沟通交流，就能在一定程度上占据主动，避免问题在自己还没察觉时集中爆发，使自己处于被动局面。

因而，开学初，与其将精力都花在检查学生假期作业完成情况上，不如静下心来，匀出一些时间，有计划地安排与家长的沟通交流，聊聊孩子假期在家的表现及开学后可能需要关注的问题，聊聊家长对学校、班级及教师有什么意见或建议。这些，对于教师来说是非常重要的，可以使教师在最短的时间里对孩子的现状有一个较为准确的了解，对家长的所思所想有一个基本的了解，这样可以在以后的工作中心里有数，不至于面对孩子、家长可能出现的种种状况感到摸不着头脑。

（二）学期之中，关注变化

走过学期初，在容易导致师亲对立的时段过去后，我们在与家长沟通时又该将主要精力放在哪些方面呢？我想，应该放在关注学生的变化上。

孩子出现问题时，一般都会伴随言行上的变化。有些问题的出现，除了与教师所实施的学校教育有一定关系外，更多的是与家长所实施的不恰当的家庭教育有关。而这些家庭教育的失误，往往体现在日常生活中的一些不起眼的行为中。

家长是这些家庭教育行为的“当局者”，不一定能够看到自己的问题所在，再加上他们缺乏相应的教育学、心理学知识及相关教育经验，导致他们在出现问题时不能自我察觉与校正。这就需要教师在日常教育工作中，及时发现问题，查找原因，积极与家长沟通，在一定程度上纠正家长的错误教育行为，弥补家长教育方式的不足，使孩子能够健康成长。

案例14 打瞌睡的男孩

近来，大超经常在上课时打瞌睡。这个现象，数学课上有，英语课上有，在我的语文课上也有。他打瞌睡的时间不固定，有时是上午，有时是下午，甚至有一次老师没发现他睡着了，他便一直睡到放学时才被同学叫醒。学期已经过一半了，这在刚开学时容易出现的现象，怎么在这个时间段还出现？

叫他到办公室，问他是怎么回事，他总是以那故作羞涩的神态来蒙混："我也不知道，就这样不知不觉睡着了。"到底是身体出现了问题，导致他嗜睡，还是家里有什么事，影响了他的睡眠？我不清楚。

电话中与孩子父亲交流过几次，孩子父亲一直都说家里没啥事，孩子睡得也挺早的，也没感觉孩子身体哪方面有问题。可既然家里没啥事，孩子也睡得挺早的，身体也没问题，为什么还是会出现这样的现象？我愈发疑惑了。

大超的父亲到学校来了，是我请他来的。以往打电话与家长交流后，孩子会好上那么一两天，可后面的时间依然会出现上课睡觉的现象。这个问题不解决，我的心里总是不够踏实，还是请家长来深入沟通一下，找找有没有我们遗漏的地方。

"说也说过，孩子也说没什么，我真的不知道是怎么回事。"确实，如果真有问题，孩子不主动说，即便是家长，也是很难作出判断的。只得再引导家长回顾一下，看看有没有什么值得关注的地方。

"大超爸爸，孩子总是在课堂上睡觉，要不是睡眠不足导致的，要不是身体有问题。现在看来，应该不会是身体有问题，睡眠不足可能是主要原因。请您回忆一下，在家有没有让孩子感觉有压力的地方，导致他晚上睡眠质量不高？"

大超爸爸直摇头："我儿子我知道，就是山在他面前塌下来，他也会该吃吃，该睡睡的。”

是的，大超就是这样大大咧咧的孩子，为了睡觉这问题，我找他谈过这么多次，也没见他紧张过。那么，问题出在哪儿？

“会不会是晚上玩手机？”大超爸爸像是忽然想到了什么。

玩手机？是有这个可能的。

“这几天我得好好盯着他，看看是不是有这回事。”大超爸爸说，“这几天我手机老换地方，有时感觉我插在充电线上的，可早上一看，没充。我也马虎，总是认为自己记错了。可能是他晚上趁我们睡了，拿我手机在玩。”

“晚上孩子一个人睡？”我问道。大超爸爸回答道：“六岁以后都是他自己一个人睡。”

这样说来，的确有这个可能。于是，我们决定暂时不找大超谈这个问题，而是先观察一下我们的判断是否准确。马上找他谈，可能并不妥当，假如孩子矢口否认，躲上一段时间后继续这样，可能问题会更严重的。确定他的确是因为玩手机而造成上课总是睡觉，再与他谈可能效果更好。

为了防止大超爸爸看到大超半夜玩手机不睡觉后会有什么过激的言行，我又与他交流了一会儿，主要是谈面对孩子的一些问题，作为家长最好该怎样处理。“孩子有问题，其实最需要检讨的是家长，因为孩子的认知能力、自控能力有限。所以我建议，如果发现孩子真的和我们判断的一样，最好不要过于责备甚至惩罚他。让他能够认识到自己错了，以后再多关注，让他不再犯同样的错误就够了……”这也算是给大超爸爸打上“预防针”了吧。

第二天，大超主动到办公室来找我了。“老师，我保证以后不再玩手机了。”他低着头站在我面前。原来，的确如大超爸爸判断的那样，这段时间，大超每天做完作业便早早睡下，而等爸爸妈妈睡下后，他便“轻车熟路”地来到客厅，取走爸爸放在客厅充电的手机，回到自己的房间，一直玩到困得受不了后再将手机送回客厅。就在昨天晚上，大超爸爸抓了现行。

这孩子，每天睡眠也许只有三四个小时，怎么可能不在课堂上睡觉？

“爸爸揍你了？”我问道。

“没有。”大超有点扭捏，“就是非得要我向您道歉，说我这段时间让您担心了。”这样“贴心”的话，能从大超嘴里说出来也是难为他了。

知道了问题所在，解决起来也就顺利多了。一方面，在家时大超父亲多监督，多提醒；另一方面，在学校时我也会经常与他聊天，了解他近来的状况。后期，直到毕业，大超再没出现上课睡觉的情况。

由大超的事儿，我不由得想到，作为教师，我们也许发现问题非常容易，但解决问题时可能需要整合多方面的力量。特别是来自家长的力量，在一定的情况下，可能是我们解决问题时最关键、最有用的力量。

因而，教师如果遇到很难解决的有关班级孩子的问题时，不妨多与家长联系、沟通，多听取他们的意见。也许，有他们的参与，问题解决起来要容易得多。

学期中，随着学习进程的深入，家长对于孩子的关注程度容易呈现两极分化。有的家长，对孩子的关注度会随着时间的推移而降低；而有的家长，对孩子的关注度会随着时间的推移而升高。特别是后者，因为过多地关注孩子，心理便容易出问题——过于敏感，过于急躁，过于焦虑，等等。

因而，除了关注孩子的变化之外，我们也要关注家长的心理动态，并在一定程度上加以引导，这样才不会出现因家长的情绪不稳定、心理不健康而给孩子带来伤害的现象，也才能使我们的工作更有成效。

案例15 面对焦虑的家长时

放学已有一段时间了，估摸着孩子们应该打扫好了教室，我便想着去看看孩子们打扫得如何。没想到，一出办公室便遇上了小萱妈妈，她应该是来接小萱的吧。

“老师，这怎么办呢？孩子成绩这么差，有没有什么好的办法，让她的成绩变好些？”刚打了个招呼，小萱妈妈便拉着我抱怨起来。看得出，她是比较焦虑的。而躲在她背后的小萱，神态明显不自然起来。

我连忙阻止小萱妈妈的抱怨：“怎么能这样说呢！小萱一直以来表现都是挺好的啊！”这是实话。孩子虽然成绩不是最好的，但也并不像家长说的那么差，而是中上等。孩子平时也挺认真的，不管是学习上，还是其他方面。

但我的话依然无法阻止家长对孩子的不满：“好什么啊！上次考试数学就考了94分，我都急死了，怎么这么差！”

没办法，我只得正面提醒她了：“孩子在这儿呢，您这样说话不太好。”

没想到，听我这样说，她反而将躲在身后的孩子一把扯了出来：“没关系，今天就让她丑一丑，看她以后学习认不认真！”

孩子的眼圈红了起来，看得出，再在这样的氛围中待一会儿，她可能会哭起来的。没办法，我只得嘱咐孩子到教室里看一会儿书，然后将家长请到了办公室交流。

“小萱妈妈，说真的，有您这样的家长，我们老师会轻松很多。在我们班，论对孩子的管理方面您应该是最好的家长之一。”

我这样说，小萱妈妈有点不好意思，连忙说自己做得还不好。

不与她讨论这些，我继续往下说道："只是，我们平时说话时也得考虑孩子的感受。您看，您刚才那样说话，不说是六年级的孩子，就是一、二年级的小朋友，脸上也会挂不住的。我能理解您的想法是希望孩子更好，认为这样可以激励孩子好好学习，但这样说话很多时候反而会给孩子带来压力，以及负面的心理暗示。孩子是容易受到大人影响的，您总是说她不行，说多了她可能真的会认为自己不行的。"

"是的，今天我有点着急了，讲话没轻没重的，以后的确要注意。"小萱妈妈听得很认真，可以看得出她认可我所说的。不过，话锋一转，她又将话题拉回到孩子的学习成绩上："只是小萱的成绩很差，又该怎么帮她提高呢?"

既然转回到孩子成绩这个话题，那就先聊聊这个话题吧。

"这个问题，我的建议是关注过程而不是结果。也就是说，我们多关注孩子平时的学习状态，状态好了，成绩自然不会差的。哪怕有一两次考试成绩不够理想，又有多大关系呢?这次考试的试卷对班级的孩子来说都比较难，小萱考得还是挺好的。我也看了一下她的试卷，应该没有什么不懂的内容。只是答题时稍微马虎了一点，错了一两个计算题。这是很正常的，稍微提醒一下就好。所以，与其说是她成绩很差，不如说是您对她的要求有些过高了。"

想了想，我顺势将话题又拉回到她对孩子的态度上来："另外，对孩子还是要多鼓励。都说好孩子是夸出来的，这是真的。夸的过程其实不光可以激励孩子，也可以使孩子感受到您对她是在意的，而不是只对成绩在意。这样，孩子才会朝您希望的方向去努力……"

焦虑的家长，其实孩子再出色，他们照样容易焦虑。单纯与这样的家长交流如何提高成绩，即使孩子成绩进一步提高，他们依然会焦虑，从而给孩子带来莫名的压力与负面的影响。与他们沟通，更重要的是交流应该怎样合理地去看待孩子、评价孩子，缓解他们因对孩子的成长感到不够满意而出现的焦虑。

送走小萱和她妈妈，我背起包离开了办公室，原本人头攒动的校门口，现在只看到两位保安在悠闲地聊天。这时，比我平时离校时已晚了有二十多分钟，但我觉得这二十多分钟是值得的，至少我在一定程度上减轻了家长的焦虑，使她明白了自己该关注什么，又该改变什么，同时也给孩子争取到了一个更适宜的家庭生活环境，使她可以免受可能存在的不必要的责怪。

只是，如小萱妈妈这样容易焦虑的家长还有多少呢？不妨寻个机会开次家长会，与家长们就这一点好好交流一次，谈谈家长的过度焦虑会给孩子带来怎样的压力，谈谈他们该如何权衡对成绩与对孩子自身的关注，如何控制与改善自己的情绪，等等。我想，如果有一次这样的家长会，师亲之间、亲子之间、师生之间，都能获得一些启示与收获。

原本只是走廊上的简单对话，在成为师亲之间很正式的二十多分钟的交流之后，又将成为我与班级全体家长交流的一个话题。虽然可能又需要花上一些时间去考虑如何组织这次家长会，考虑怎样一点点将这些问题与家长交流好、交流透，使家长能够入耳入心，但为了孩子的身心健康，为了孩子能够更好地成长，作为教师的我应该去做。

（三）学期末，防患于未然

假期，对于孩子来说是一个美好的时间段。在这个时间段内，孩子们在适当休整的同时，可以拥有更多的时间，或外出旅行增长见识，或补缺补差提升自我，或学习琴棋书画提高素养。只是，在有些家庭中，由于家长意识或习惯的问题，孩子在整个假期中既没有获得应有的休整，也没有趁着假期获得提升，甚至会因假期时间缺乏管理而出现一些问题，比如玩手机成瘾、出现安全问题等等。

导致这些问题的原因可能很简单，在孩子需要到校学习的时间里，家长不得不适应孩子的作息时间，遵从孩子的需要。而一个漫长的学期结束后，有些家长认为到了假期可以松一口气了，于是他们选择放飞自我，让孩子适应家长的作息时间，以及家长的一些不好的习惯或行事方式，从而忽略了对孩子的管理与照料。

虽然这已经是假期，但对孩子可能造成的影响，并不仅仅限于假期——一个假期过后，我们仍然需要面对这些孩子，或者说，我们依然想要这些孩子获得更好的成长。因而，作为教师，我们需要对家长可能存在的一些不当做法进行适当引导甚至干预。而利用学期末的时间，与家长进行一定的交流，无疑是最佳选择。

有哪些方式可以选择呢？可以视情况进行不同的交流——或个别交流，或分组交流，或集体交流；既可以是当面交流，也可以是网络交流，还可以是书信交流。

案例16　假期，拜托别过于放飞自我——致家长的一封信

不知不觉，又近期末，这意味着，与孩子及作为家长的你们已相处近两年。

说实话，我喜欢我们班的孩子们。他们如同春天装扮美丽大地的花朵一般，各有各的姿态，各有各的内涵，也各有各的特点。小茗、小怡的天真烂漫，阿悦、杰杰的乖巧听话，小寻、阿阳的精灵古怪，等等，对于我来说都是喜欢的。与他们在一起，感觉就是与春天在一起。因而，感谢能遇到这个班的孩子们。

也感谢你们对班级工作的支持。近两年来，你们为班级的无私奉献也深深地印在我和孩子们的心中。支持孩子们阅读而购买的图书，为美化班级而送来的盆栽，节日为孩子们准备的礼物，等等，无一不透露着大家对班级工作和孩子的关心与支持。

近两年的时间，孩子们有了很大的进步。从懵懂走向守纪，从以自我为中心走向团结协作，从识字无几走向可自主阅读与写作……这一切的进步，可能有我们教师的因素，更是你们的付出与辛劳所带来的。相信，没有你们的精心照料与用心教育，没有你们对班级工作的支持与谅解，是很难有这一切的。

临近暑假，虽然知道大家都会做得很好，都会很在意自己的孩子，但作为孩子的老师，作为比我们班大多数家长都年长一点的我，还是想说说自己对我们班所有家长的一点期待，期待这个假期，尊敬的您别过于放飞自我。

是的，假期对孩子来说，是一个休整的时间，不需要面对太多作业。作为家长的你们，多少有松了一口气的感觉。有这样的感觉很正常，只是，松了一口气，不代表我们不需要审视自己的所有行为。有些行为，在孩子面前需要控制一下。

别在手机上放飞自我。的确，网络的世界很精彩，有着很多好玩的游戏，有着很多精彩的资讯。但作为家长的您应该懂得，您最好的游戏，应该是亲子之间的游戏，您最精彩的资讯，应该是孩子内心的需求。您在手机上放飞自我，就可能失去呵护孩子、拉近彼此心灵的机会。

别在牌桌上放飞自我。的确，手气超好的您可能会在牌桌上连连获胜，有些疲倦的您可能会在牌桌上获得放松。但作为家长的您应该知道，您最大的财富，应该是孩子的健康成长，您最好的放松，应该是面对孩子的笑靥。您在牌桌上放飞自我，就可能失去与孩子一道读书、共同成长的机会。

别在酒桌上放飞自我。的确，人都需要有一定的交际，也可以在酒桌上获得一定的友情。但作为家长的您应该懂得，您最好的朋友，应该是您的孩子，您最珍贵的友情，应该是孩子对您的依赖与信任。您在酒桌上放飞自我，就可能失去了解孩子、与孩子共同感悟生活的机会。

作为家长，在孩子面前需要注意的很多——只要是可能影响孩子健康成长的行为，应当尽量去避免，而这，需要作为家长的您多去想想。毕竟，孩子需要您陪伴的时间可能没有您认为的那样长，而您能够呵护他的时间也并不像您认为的那样长。

那么，为了孩子，多陪陪孩子吧。多陪他们去看看我们这个美好的世界。如果经济、时间都允许，可以陪着孩子到外面走走。这，对于孩子的能力也好，眼界也罢，都是有必要的。如果因经济、时间或其他原因不能成行，也没多大关系，可以在尽可能的情况下，引导孩子多读读书，将孩子没过过的生活、没经历过的事情，通过书本加以弥补，也是一个非常棒的选择。

假期，孩子完全是由您在陪伴，那么，一个假期之后，您能拥有一个什么样的孩子，取决于您为孩子做了什么，给了孩子怎样的影响。

因而，假期请您多用心，别过于放飞自我，好吗？孩子会因您的陪伴而愈发优秀，人生的底色也会因您的努力而更加丰富。期待假期过后，能见到更加优秀的孩子，以及与孩子关系更好的您。

二年级三班班主任

2018年7月

这样一封信，只是对家长的些许提醒。这对于用心的家长来说，是有效的，因为足够用心的他们知道该怎么去面对自己的孩子，他们所缺的可能只是这样善意的提醒。可是，对于那些本来就言行有异常、学习有困难的孩子的家长来说，这样的提醒可能还不够，还需要有更多一点的提醒。比如，假期需要家长为孩子做些什么，该怎么做比较适合。因为这部分家长本来就是不太会教育孩子的，泛泛的提醒只能增加他们的焦虑感罢了，具体该怎么做他们是心中没底的。

但不得不说的是，如果逐个提醒，教师的负担可能比较重。因此，可以考虑将孩子进行归类，对于问题大致相同或相似的孩子，可以根据情况进行分组交流，一次面对几位家长，在落实教师的建议的同时，还可以引导家长之间互相交流，分享自己假期准备做些什么。这样，不仅能够补充教师的建议，或发现家长假期安排中可能的不当之处外，还有利于营造一定的氛围，使家长在假期能够真正重视孩子的生活及学习安排。

都说“家长是孩子的第一任老师”“家庭是子女的第一个课堂”，学校教育是不可能替代家庭教育的。但现代社会竞争激烈，有些家长忙于工作而难以顾及孩子的教育，孩子出现问题时不能及时发现，这样对孩子的成长是非常不利的。因而，作为教师，我们要能够留意孩子的变化，体会到孩子的内心需要。当发现家长对孩子的影响、评价等方面出现偏差时，我们一定要在恰当的时间里对这些偏差施加一定的干预，以避免家长的行为对孩子的发展造成不应有的负面影响。

针对每一学期而言，教师的工作无疑是繁杂而琐碎的。但值得庆幸的是，教师所做的工作是有一定规律性的，孩子出现的问题也是有一定规律性的。作为教师，我们如果能够发现并掌握这些规律，无疑能够更好地发现问题、解决问题，在做好与家长沟通交流的同时，帮助孩子健康而快乐地成长。

第三章 师亲沟通的方式

随着时代的发展、技术的进步，网络越来越发达，通信也越来越便捷，人们的沟通方式呈现出多样化趋势。教育也不例外，从传统的家访、家长会、约谈以及书信沟通等方式，发展到今天利用电话、微信、钉钉等方式进行沟通，师亲之间的交流方式越来越丰富，沟通也越来越便捷。

从当下来看，教师通过电话或互联网平台与家长进行沟通，已然成为一种较为常见的选择。的确，电话或互联网平台的便捷性与时效性，是传统沟通方式难以达到的。这种沟通方式，不仅使沟通能在第一时间内得以实现，还能减轻教师的工作强度——打电话或发信息，比上门家访要轻松得多。但这并不表示传统的沟通方式已然过时，相反，有些时候使用传统的沟通方式更具有温度感、仪式感。

因此，加强师亲联系需要综合利用多种沟通方式，既要充分发挥传统师亲沟通方式的作用，又要积极开发基于互联网的新型师亲沟通模式，从而使师亲之间的沟通更高效、更便捷。那么，如何利用这些不同的沟通方式才能最大限度地发挥作用，实现师亲之间的良性沟通呢？

一、传统师亲沟通方式

本书中所说的传统师亲沟通方式，是指以家访、开家长会、约谈、建立家校联系册、发成绩单、写信等与家长进行沟通的方式。

这些沟通方式无疑都有一定的局限性。首先是时效性较差，特别是在有紧急事件的情况下，很难及时与家长取得联系。比如学生未及时到校、学生发生了安全事故等，都很难在第一时间内联系到家长。其次是工作强度大，常常不得不占用教师的课余时间。比如家访，因很多学校考勤制度的约束，教师不得不利用课余时间进行。再如家校联系册，如果每天对每个孩子都进行填写，很难在短时间内完成。再次是容易打乱工作安排。比如约谈家长，容易打乱教师或家长的工作安排。最后是容易导致沟通的信息失真。这主要是指以书信等书面方式与家长沟通，常会因学生的隐瞒而导致师亲之间并没能真正获得沟通，甚至会获得虚假信息。

虽然有这些局限性，但也并不意味着这些沟通方式是可以弃之不用的。因为这些沟通方式也是有一定优点的。首先是情绪更具辨识度。比如家访、约谈，因为在沟通时有肢体语言的参与，双方都能够很直观地感受到彼此的内在情绪，从而能够更准确地理解彼此所想。其次是可以使沟通更加深入。无论是家访还是约谈，或是开家长会等，因为在交流之前大家都有一定的心理准备，时间也比较宽裕，也就有利于更深入地沟通，有利于更全面地交换对某些问题的看法。最后是可以在一定程度上拉近师亲之间的心理距离。比如无论是家访还是约谈，表明双方都重视孩子。只要能够相对和谐地沟通，就能够在一定程度上拉近师亲之间的心理距离，增强师亲合力，提高师亲促进孩子成长的信心。

那么，具体到某一传统师亲沟通方式，教师要注意哪些方面呢？

下面试着逐一进行分析。

（一）家访

家访是常见的传统师亲沟通方式之一，可在现实中，偏偏会有教师惧怕家访。这不，每当需要家访时，宁宁老师总会感觉很煎熬。这种煎熬，原因来自她曾遇到过的一些家长。

有的家长太热情，每次总会想着怎么对老师“意思意思”；有的家长太冷淡，每次都会借故婉拒；有的家长一见老师就会责备孩子，怀疑孩子在学校是不是“犯事”了；有的家长沟通半天都只顾说自己的，根本就达不到沟通的目的……当然，更让宁宁老师尴尬的是那种氛围——感觉自己贸然闯入了一个自己根本就不应该进入的空间，孩子常常很紧张，自己与家长也十分紧张。

宁宁老师很纠结，对于家访，自己应该怎么做呢？

案例17 做好准备，有效沟通

每次家访前，我都要做好相应的准备。这种习惯，源自刚毕业时的一场尴尬。

那次，放学后我便骑上自行车直奔宇泽家。宇泽家不远，从学校到他家也就十来分钟，只是与我回家的路是相反方向。

来到宇泽家，意外发现门居然是锁着的。这孩子，今天早晨我还问了他，昨天回家后有没有跟爸爸打招呼，说我今晚来家访，他还直点头呢。

好在住隔壁的宇泽奶奶见了我，告诉我宇泽爸爸到田里育秧去了。那是油菜荚快要由青转黄的时节，正是需要育秧的时候，我没能注意到。

宇泽奶奶招呼我到她家坐一下，便去田里找宇泽爸爸去了。我便耐下心来等着，心想好不容易来一次，等那么一会儿还是值得的。

等了约莫二十分钟，我听到门外传来怒吼声："一天到晚给我惹麻烦，说，你又干什么坏事了？"出门一看，宇泽爸爸正拧着宇泽的耳朵往这边走呢！估计是听说我来家访，正好又在半路上遇到了孩子，一时气不打一处来的缘故吧。

还没等我开口，宇泽爸爸又亮开了嗓门："老师，你别说了。我知道我家这丢人的家伙又犯了错。他就这样，跟我说再多我也没办法。要不你再换一家家访吧。"

等了二十多分钟，居然就等来了这样一句话，我感觉有点眩晕。这时，正在赶回来的宇泽奶奶听到了，训斥起宇泽爸爸来："你怎么跟老师讲话的？一点家教都没有。老师也是为了宇泽好，好心好意跑这么多路……""你能教好你来！反正我是没办法……"于是，我一句话都没说，这母子俩倒拌上嘴了。宇泽呢，早就一溜烟儿不知跑哪儿躲起来了，只留下我尴尬地面对这局面。

等他俩吵得差不多时，我终于找到一个机会劝说了两句。两人还算好，终于停了下来，我也可以与宇泽爸爸交流了。只是，不知是受了刚才那情况的影响，还是自己压根没做好准备，原以为自己应该能够与家长深入沟通的，可现在却脑子里一片混沌，只是将宇泽这段时间表现不足的地方一一与家长说了下，也就聊了几分钟，我便感觉没有话题了。气氛又变得尴尬起来——宇泽爸爸抽着烟，脸板着，我在努力回忆要交代的问题，只是，再怎么努力也是徒劳。前后不到十分钟，我便告辞了。临出门时，宇泽爸爸恨恨地说："等回来看我怎么收拾他！"而这是我想要的结果吗？我问着自己。

骑车回家的路上，我感觉心情比来时要沉重很多。的确，来的目的是要将孩子的一些不足与家长进行沟通，可我想要的是让家长关注孩子的不足，以及从家长那儿了解一些必要的信息，好对孩子进行更恰当的教育，并没有想要借家长的手"收拾"孩子啊！可为什么我原本想着的师亲之间的“研讨”，最后会变成老师向家长“告状”呢？

我想，最关键的因素是我没有做好家访的准备。我没有考虑到家长对此次家访的接受程度，一厢情愿地认为只要让孩子回家打个招呼，家长就一定会无条件地欢迎我上门。我并没有意识到，家长也可能有自己的事儿，在没有征求家长意见的前提下，也许会给他们带来不便。我也没有准备好与家长交流的内容，自信满满地认为，只要稍稍考虑一下就能娓娓道来。我并没有意识到，一旦真的见到家长，没有一定的条理，很可能会遗漏应该交流的内容。我也没有意识到，家长的个性、思维方式不尽相同，一旦交流的氛围有变，我该怎么去面对……

在后来的日子里，一旦决定家访，我便会做好充分准备。通过各种渠道对家长进行一定的了解，委托孩子或他人征求家长的意见，将家访时需要交流的内容列个简单的提纲，等等。因为我知道，没有做好这些，除去尴尬外，可能还会给师生之间、师亲之间、亲子之间带来不必要的隔阂。

家访到底该怎么“访”，是一件仁者见仁、智者见智的事。但通过上面的案例我们不难理解，家访是教师与家长双方的事，如果教师只是单方面考虑自己的需求，往往会给家长带来不便，受到怠慢也就在情理之中了。如果不考虑家长的个性等方面，很可能对家长的言行没有一定的心理准备，导致面对突发情况时不知如何面对。而如果没有具体的目的，没有相对有条理的家访“路线图”，家访往往也会演变成“告状”，从而引发家长及学生的误解。因此，在家访前做好功课是很有必要的。

家访除了与家长交流对孩子的一些问题的看法外，还有一项很重要的任务，那就是深入现场了解孩子的家庭，了解孩子在家时的生活环境，感受孩子的家庭氛围等。孩子出现的有些问题，如果不深入他们的家庭中去，是很难真正了解清楚的。

案例18 走进家庭，才能真正了解孩子

春瑶和耀宇是姐弟俩，春瑶大耀宇两岁，但同在我所带的班。现在这样的现象不多了，但在我刚毕业的那几年，这是常见现象。

这俩孩子很老实，话不多，上课也很认真。接手这个班时间不长，我便注意到他俩有个很奇怪的现象——弟弟的作业从来都是工工整整的，但姐姐的作业总是很马虎。分别找这两个孩子谈过几次，但每次谈到这个问题，两个孩子都不愿意多说什么。按说，姐姐也是个非常认真的孩子啊！我决定，有空时做一下家访，看看能否看到些什么。

没等成行，学校便组织大家访，于是，我便将他俩作为主要家访对象。那天放学后，我便开始了接手这个班以来的第一次家访。

骑车去这姐弟俩家的路上，顺便家访了同一路线上的两个同学，到姐弟俩的家时，离放学已经过去一个多小时了。

我只知道他们家所在的村子，并不知道具体位置。好在遇到了一个热心大妈，将我领到了他们家门口。当我到了他们家门口时，一眼望去，我被惊呆了。当时已是2000年，农村许多人家都是二层小洋楼，最不济也是先砌了一层，等到经济允许时再加上一层。可他们家住的，应该还是几十年前的老房子。典型的徽派建筑，马头墙已经倒去一半，墙上的白灰已经斑驳，更要命的是墙已经有所倾斜，用几根木料支撑着。

我在门口喊："有人吗？"弟弟迎了出来，手里拿着笔，看样子正在做作业。因为在学校时已经打过招呼，他见到我并不惊讶。走进门，听到左边房间里有个苍老的声音在问："宇宇，是谁来了？"

“奶奶，是老师。”“是老师啊！宇宇，给老师倒杯茶。我眼睛看不见，起不来……”老人说着。

“爸爸妈妈呢？”我问道。耀宇指了指右边的房间：“妈妈身体不好，在床上躺着。爸爸出去了，还没回来。”从房门口向昏暗的房间里看了一眼，果然床上躺着一个人。可能听到我们的对话，姐姐从屋后的厨房走了出来，羞涩地向我打招呼：“老师好！”一看，孩子袖子卷着，手上还有肥皂沫。

到厨房看了一眼，菜还没炒，但已经择干净了。一口锅里热气腾腾，应该是在煮饭吧。灶前是一个大盆，盆里满是衣服。看来，孩子是边做饭边洗衣服。

在等孩子父亲回来的时间里，我与两个孩子聊了起来。很快也便知道了，孩子奶奶已经失明多年，早已没了生活自理能力。孩子妈妈是尿毒症晚期，治病花了很多钱，但效果并不好，现在基本卧床不起。孩子爸爸以前开运货的三轮车时出过事故，一条腿到今天依然有钢板在里面，但还是不得不在附近打零工。自然，所有的家务都落在了两个孩子身上。作为姐姐，春瑶主动担负起了绝大多数的家务——洗衣、做饭、照顾奶奶及妈妈、喂家里的鸡鸭与猪……这下，我才知道春瑶的作业为什么会那么马虎了。小小的孩子，承担那么多家务，又哪有时间与精力去认认真真完成作业？

孩子爸爸到家时，天已经快黑了。见爸爸回来了，春瑶忙着去炒菜，耀宇则又去写作业了。孩子爸爸看上去比较疲惫，但仍打起精神来与我交谈。其实，该了解的我已经了解得差不多了，只是想告诉一下家长，两个孩子在学校表现都非常好，值得他好好培养。至于春瑶的作业不够工整，我改变了原来的打算，只是简略地与家长聊了一下，告诉他不用太担心，在学校我会多关注的，孩子也一定能够改变的。家里明摆着就是这样的情况，家长暂时也无力改变现状，说再多对孩子也没有什么大的帮助，只是徒增家长的烦恼罢了。

十来分钟后，春瑶的菜已经做好了。孩子爸爸要打发耀宇去买酒，说是要留我一道吃饭。我拒绝了这份好意——不是嫌弃，而是实在不忍心给这个家庭添那么一丝一毫的麻烦。甚至我在暗自后悔，没能事先了解好孩子的家庭状况，要不，怎么也得带点礼物前来啊！

回家的路上很安静。农村的夜便是这样，点灯后路上是少有人的。在月亮底下骑车，一切都朦朦胧胧的，看上去很美。只是，我的心情有点沉重，为了这姐弟俩的处境。我相信，如果不是走进他们家，再怎么与孩子交流，也很难让他们告诉我家里的真实状况。家庭的贫困，已经使这两个孩子变得自卑与敏感，不到万不得已他们是不愿意揭开自己内心伤疤的。要想了解他们，只有走进他们的家庭才能做到。

也许，一次的实地家访，就能真正了解一个看似有问题的孩子。即便如这次，我真正与家长沟通的时间只有十来分钟，但走进孩子的家庭，看看孩子的家庭生活氛围，其实也是一种隐形的与家长对话的过程，在这个过程中，我们能够对家长的所作所为、所思所想有一定的体察，对他们也就多了一份理解与包容。

自那以后，对于春瑶与耀宇，除了尽力去帮他们争取贫困生补助外，还给了他们另外一种“特权”——只要他们愿意，空闲时间就可以来办公室写作业。利用这样的时间辅导一下他们，应该能够使他们回家后轻松一些吧。虽然无法给孩子更多的帮助，但我想尽力给他们传递一个信息——你们很重要，我很在乎你们。

一次家访，使我深刻地感受到，想要真正了解一个孩子并不容易。因为再小的孩子，他们也如同成人一般，有着自己的喜怒哀乐、所思所想。有时，走进孩子的原生家庭，才是真正了解他们的最好方式。

总之，家访这一传统的师亲沟通方式，常常以二三十分钟的面谈作为表现形式，但其背后所传递的，远远不止这二三十分钟的谈话内容。如果我们能够用心做好家访的准备，真正走进孩子的家庭，就能详细了解孩子的家庭情况，了解孩子的家庭教育背景，发现问题的根源，也能在一定程度上进一步了解孩子，促使师亲之间敞开心扉，针对孩子的问题进行紧密合作，为孩子的成长提供必要的帮助。

（二）家长会

又到开家长会的时间了，阿永老师却对家长会的意义产生了怀疑。在他看来，家长会就是走过场，且无多大实效。

“不就是说说接送时间，提醒一下安全事项，再表扬表扬学习好的，批评批评表现差的，给家长看看大大小小活动的照片嘛！最多再说说那些重复了好多遍的‘学习很重要’‘身心健康很重要’‘快乐很重要’之类的。在家长群里发个文档就行了，干吗非得将家长都请过来，耽误人家休息与工作？”他说道。

的确，他说出了很多班级家长会的现状。这样的低效家长会，也常会使有些家长心生厌烦。

那么，家长会真的如此吗？并不是，如果用心去做，家长会是可以不一样的。

案例19 “规定内容”外，“自选内容”更精彩

当了近二十年的小学班主任，每次的家长会都是令人头疼的。家长积极性不高是因素之一，虽没有人直接抱怨，但教室里的情况是可以感受到的。每次开家长会，有站在外面聊天的，有来了便匆匆离开的，而最多的则是老师在台上说，家长在台下看手机。而且，常能见到老年人扎堆，孩子的父母即便不忙也不愿意前来。

能责备家长吗？好像不能。因为每次家长会的内容确实太雷同了。先是学校领导通过广播系统讲话，内容不外乎宣传学校的办学理念、成果；然后是各班会议，学校又有很多规定内容，比如强调安全是重要一环，居家安全啦，路途安全啦，校园安全啦，等等；再如介绍班级所取得的成绩也是重要一环，整体学习状况啦，分科学习状况啦，班级开展的活动啦，等等。除去这些，再加上各科任老师从课前、课堂、课外到拓展等方面对孩子的学科学习进行讲解，并且提醒家长们要注意的一些事项。

一晃就是几个小时，感觉内容挺丰富，但真正刨开一看，什么都没讲。其实，安全事项已经说过很多遍了，加深一下印象就行了，不用展开；班级整体状况，在平时的沟通中大家都知道，稍稍再强调一下就可以了，也不需要逐步展开。至于各学科怎么去学习，除了在家长群里讲过很多遍外，还有一个重要的问题——有哪些家长能听懂？到底是家长在读书还是他们的孩子在读书？

接手新的一年级后，我决定趁着家长还有意愿参加家长会的时机，改变一下开家长会的方式，在规定内容外，增加“自选内容”，以期达到“一会一得”的目的。

将学校规定的那些内容简单讲完后，我便开始了一个微型家教讲座。因为才接手这个班级时，我发现很多孩子的坐姿及书写姿势非常不端正，纠正过无数遍，仍不太见效。为改变这一现象，在这个班级的第一次家长会上，我决定将重点放在引导家长也能注意并正确纠正孩子坐姿及书写姿势上。

在准备这次家长会时，我拍了一些孩子们上课时的坐姿及书写姿势的照片，并请求部分家长随机拍下几张孩子在家时这方面的照片传给我。而且，我查找了一些相关资料，包括图片与文字资料及视频。做好这些准备工作，我便准备好了开家长会时的第一手资料。

正式开家长会时，我选择让孩子与家长一道参加家长会。

首先，我将自己当前遇到的困难与家长开诚布公地作了交代，请求家长在家时也能够对孩子进行这些方面的纠正。

其次，我将自己及家长所拍的照片适当进行对比展示。在展示的过程中，提示有哪些孩子的坐姿及写字姿势有问题，并让家长自己去判断是哪些方面的问题。这样，可以让家长直观感受到孩子坐姿及书写姿势中存在的普遍性问题。

再次，通过视频，借专家的口说出一些关于坐姿及书写姿势不端正给孩子带来的危害，以引起家长足够的重视。之后，再出示正确的坐姿及书写姿势的图片，让家长进行揣摩。

最后，进入本次家长会最主要的一个环节——请家长对照幻灯片所呈现的画面模仿正确的坐姿及书写姿势，让孩子们对他们进行纠正；然后换成孩子们演示，请家长们纠正。

这次家长会，使家长们在轻松活泼的氛围中明白了纠正孩子坐姿及书写姿势的重要性，了解了正确的纠正方法。因而，家长们在课后也能够自觉纠正孩子的坐姿、书写姿态，达到了“一会一得”的目的。

之后，每次开家长会前我都会适当对家长进行一个小调查，看看他们在家庭教育方面有哪些困难或困惑。针对家长所提出的问题进行精心设计，将每次的家长会都开成“经验交流会”“对话讨论会”“学生展示会”“专家报告会”“家校联谊会”等等，在指导家长进行有效的家庭教育的同时，使家长们掌握一些常见的家庭教育的方法、理念，真正做到“一会一得”。

因而，在我的班级，直到孩子们毕业，家长会都不是家长、班主任、学生的烦恼。

家长会之所以低效，很多时候不是家长会的缘故，而是家长会的组织者常常被动组织这样的活动。要知道，家长会除了帮家长了解孩子所在学校的情况、孩子的在校情况，还可以是师亲之间互相了解孩子、指导家长关注孩子中的共性问题的平台。这样的家长会，才能让家长更用心，让教师更舒心，才更具有意义与价值。

（三）约谈

约谈应该是师亲沟通中最常用的一种方式。只是在这种方式中，师亲之间有时会出现不欢而散的现象。这不，如薇老师前前后后打了好多次电话，好不容易将家长请过来，可还没聊到五分钟，家长便一脸怒气地拂袖而去。

“我也没说什么重话，他家孩子那样调皮，一点都不注意安全。我只不过提醒他回去要加强教育，不能对孩子在学校的行为一点都不约束。他倒好，直接说在家都管不了，在学校就更管不了了……”如薇老师说道。

的确，这样的家长很是让人头疼。只是，如同这般迫于压力到校后，依然选择得罪老师拂袖而去的家长，真的只是怕承担教育孩子、管理孩子的责任吗？并不一定。有时，教师的言行也会影响家长的情绪，导致他们拒绝与教师进一步沟通。

案例20　父亲的沟通哲学

才毕业的前两年，我与父亲在同一所学校任教。我在东边办公室，父亲在西边办公室。

那天，我约了一位孩子的家长到校。本意是约他父亲或母亲来，但两人都外出打工，只有孩子的爷爷来了。

约谈的内容很简单，这孩子家离学校不过几分钟路程，下课后孩子经常会溜回家，直到上课也不见人影。当经多次提醒教育后，这样的现象还是一再出现，我终于忍不住使出大招——请家长。

“我孙子在学校又犯错了吧，老师？”见到我，老人笑眯眯地打招呼，嗓门很是洪亮。

家长明知故问，于是我没好气地说：“你家孙子太恋家了，下课也经常回家溜达一圈。前天这样，昨天这样，今天还这样。回去了还经常不自己回来，还得去找。你说这要是出了什么事，到底算谁的责任？”

老人依然保持那笑眯眯的神态：“这小东西，回家我来收拾他。上课就上课，往家跑什么。害你费心了，老师。”

听他的话音我就能明白，他还是没将这次约谈当回事，看来，我得好好借机发挥一下，好加深他的印象。“你家孙子让人费心的地方何止这一样？多着呢！……”

正在我越说越激动的时候，父亲的声音响了起来：“哟，老哥，您怎么有空到学校来了？”

“孩子犯错误了，小庄老师正在训我呢！”老人也不避讳，大声对父亲嚷嚷着。

父亲笑着说：“哟，还训上您了，那不是没家教吗？别理他，我俩聊聊。”

于是，他俩在一旁聊上了，把我这正牌班主任晾在了一旁。

聊了约莫十分钟，老人告辞了。临走时对我说道：“小庄老师，麻烦你了。回去我就跟他打招呼，让他上课时间不要回家。再有这样的事，我就将他钥匙没收。”

老人走了后，我便开始表达对父亲的不满了：“爸，下次这样的事您就别跟着掺和了。”

父亲严肃地说：“与家长讲问题就好好讲问题，怎么还训起人家来了？”

“你不也训过家长吗？”在我的印象中，也见过父亲板着脸训家长的情景。

父亲这时却笑了："我训家长？你也不看看我会训些什么人，不说我是他孩子老师，就是他自己小时候我也教过的。不是这样的人，让我训我也不会训的。你倒好，那么大年纪，我都要叫老哥哥的人，你就当训孩子一样训人家。一点深浅都没有，迟早会和家长吵架的。"

是的，我所在的学校就在老家附近，入学的基本是附近六七个村子里的孩子。当时，父亲在这所学校已经工作了近三十年，生活在这片土地上已近五十年。当年的人口流动率低，父亲对这些孩子的家庭都非常熟悉。而我，是刚刚毕业不到两年的新教师。虽然也是本地人，但刚从学校出来，对周边村子的情况并不怎么了解，与孩子的家长打交道更是少之又少，甚至连一些基本情况都不了解，的确容易因说话方式的问题与家长发生口角。

在以后的日子里，每当与家长打交道时，我都会回想起父亲的话。是的，如果我不了解沟通对象的家庭情况、个性特点等，沟通时要尽量使自己平和下来，针对问题进行适度沟通，不要奢望以自己的激烈态度加深对方对沟通话题的重视。

很多时候，我们约谈家长的目的是想与家长形成合力，来解决孩子的问题。因而，最好做到就事论事，不过度发挥。沟通中的过度发挥，常会使沟通的主题不够突出，甚至因所发挥的内容不够适宜，伤害了家长的自尊，引发家长反感，导致师亲之间的对立，不仅使得原有问题得不到解决，还会出现新的问题。

当然，除了针对学生的问题进行约谈外，还可以适当针对家长想要了解的内容进行约谈，以达到使家长了解教师的目的，拉近师亲之间的心理距离，增强师亲之间的互信与合作。

案例21 一对一，沟通无极限

三年级后，部分家长对孩子的学习越来越在意了。这一点，从他们时不时向我咨询一些孩子学习上的问题便可以看出。而且，还渐渐出现了家长质疑老师教学能力的现象。

如果单单只是我所任教的学科，问题倒不大，随时解答就可以了。但有时涉及的是其他科任老师及学科内容，或是我对这门学科的内在规律不够了解，或是我不知道该如何化解家长所质疑的问题。总之，很难进行恰当的解释，着实使我难办。那么，让家长直接与科任老师见面，应该能够在一定程度上解决这些问题吧。于是，我便开始与科任老师沟通，想要举行一次让家长与科任老师面对面“约谈”的活动。

在取得科任老师们的同意后，我便开始做准备工作。提前半个月，便发下预约单，让孩子带回家给家长。预约单上的内容很简单，除了解释活动的意义及流程外，便是几位科任老师的姓名。家长只需要勾选想要交流的老师，签好名交回我这儿即可。当然，感觉没有沟通必要的，只需要签上名就可以。具体的约谈时间，则由我和科任老师们统筹安排后通知家长，原则上每位家长约谈相应老师的时间为十分钟。

家长报名的不是太多，有十五人，约占全班学生家长的三分之一。因而整个活动只需要一晚时间，从16：30开始，一直到20：00便可。虽然只有十来位家长，但我相信这样的活动还是很有意义的，至少，能够在一定程度上解决这部分家长的疑虑或困惑。

约我的人很少，大约是平时与我交流的机会比较多的缘故吧。于是，活动的那天，与约我的家长沟通完后，我便去了另外两个“会场”，帮科任老师与家长续续水，与站在门外等候的家长随意聊聊，并不参与科任老师与家长之间的谈话。让我意外的是，本以为能比预计的时间提前结束，结果反而延迟了近半小时。看来，家长们对这次交流比我预想的要重视。

第二天，两位科任老师给我反馈了一下交流的内容。家长的问题主要集中在两个方面：一是成绩不够理想的孩子的家长，想了解一下自己可以为孩子做哪些。小学阶段，只要家长愿意，还是可以在一定程度上辅导孩子的，于是科任老师们针对自己所了解的孩子的特点，耐心与家长谈谈该怎么办。二是成绩比较理想的孩子的家长，想咨询一下自己还可以为孩子做些什么。科任老师们也针对孩子的特点以及孩子的家庭情况，分别有针对性地提出了自己的意见。这样的话题，是科任老师愿意与家长深入沟通的。当然，少数家长也有其他问题需要向科任老师咨询。比如孩子对某一学科的兴趣不够浓；老师曾经推荐过的一些边玩边学的益智游戏，孩子在家却不愿意玩；孩子在课堂上不怎么发言；等等。针对这些问题，老师们也在力所能及的范围内，给予家长一些参考意见。

而家长们的反馈也比较积极，他们对于这样的活动也非常满意，认为自己的困惑得到了解答，诉求得到了回应，对于自己怎么参与孩子的学习有了方向。

而我认为，在这样的过程中，沟通双方所获得的远远不止这些，家长在这样的过程中，也一定能够感受到教师的专业与尽职，感受到教师的谦和与真诚。自然，对教师可能存在的误解甚至不满，也会在一定程度上得到缓解。而在以后的工作中，这样的师亲之间的信任，也必将能促使他们积极参与到班级建设中来，给教师、给孩子带来更多的积极影响。

师亲约谈，是师亲沟通的常用方式之一。只是，在很多时候这种沟通方式因个别教师自身的问题，异化成了“告状”“批斗”，导致家长对此有了很深的误解。而要消除这种误解，需要教师自身能够转变观念。只有教师关注到家长的心理需求，关注到自己的语言艺术，关注到具体的组织形式，才能使这种沟通方式发挥应有的作用，达成师亲之间的有效沟通。

（四）书信

在日常的师亲沟通中，总会有一些家长略显“另类”。当孩子出现问题，想与他沟通时，教师常会感觉自己有心无力。邀请他到学校？他们总是很忙碌，抽不出空来。电话沟通？三言两语说不清孩子的问题所在，也感觉起不到任何作用。家访？他们不愿意接待。这时，作为教师，我们又该如何寻求家庭教育的配合？

也还有一些时候，因为师亲之间的沟通出现了问题，但又不方便当面进行交流，以防当面交流时出现教师或家长控制不了情绪，反而将矛盾激化的现象。这时，作为教师，我们又该如何与家长重新建立联系，进行沟通呢？

在这样的情境下，书信沟通就能体现出其在师亲沟通中独特的价值。

案例22　因“信”而来

在这个班的孩子中，云辉最让我头疼。

这孩子，上课时总是苦着一张脸，无精打采地趴在座位上，目光定定地朝着一个方向，双手支撑着下巴，仿佛一肚子心思。我常疑惑，他这小脑袋瓜里到底在想些什么。

学习，自然是谈不上多好。语文常是勉强及格。其实，大多数题他是会做的，只是那字迹如同天书，很难看清楚，也常常会缺少笔画。数学也一样，常是多一个或少一个数字，等等，勉强维持在七十分左右。英语就不提了，除了选择题，其他的也只是随意写写，英语老师看不懂。与孩子沟通过，孩子总是很配合地点着头，在学校的作业也的确能看出稍用心一点，可一回家，家庭作业就又恢复原状了。

这个孩子，其实学习能力并不差，至少不会是他卷面成绩所表现的那般。我便想着与家长联系一下，共同来解决孩子的问题，争取使孩子能有所进步。至少，在学习兴趣及学习习惯上慢慢给予他一定的提点，好使他能够有所改变。

孩子母亲外出务工，只能联系他的父亲，可让我没想到的是，原本以为并不难的事儿，却让我很是发愁。电话拨通后，我从来没有等到过孩子父亲接听的时候，但也从来不挂断，就那样保持着一直到自动挂断。一开始我以为是电话不在他身边，可不同时段打过很多次都是这样，而且从来也没有回过电话。发信息给他，提示他有空时回电话，信息也石沉大海。让孩子带口信，约他有空时来学校一趟，可孩子反馈说他不愿来。问孩子爸爸为什么不肯到学校来，孩子却欲言又止。看来，不是孩子话没说清楚，而是孩子的父亲铁了心不想到学校来面对老师。

一开始，我想去他家进行家访，但一想还是觉得不妥——我不知道能不能正好遇上孩子父亲，也不知道孩子父亲会不会拒绝沟通反而使双方更尴尬。怎么办？我决定给他写封信。不管怎么样，我都要尽最大的努力去尝试一下。

选择书信，是因为其有一定的优势。能够动笔给他写这样一封信，至少能够表达我对孩子的在意。而且，这样的沟通方式不会如面谈或电话交流那样，给他带来压迫感——他真的不愿意交流，可以选择不回复、不理睬就好了。另外，这样的方式也可以让我更仔细地斟酌该怎么将自己想表达的内容表达出来，又不至于引发他的反感。

拿定主意，我展开信纸开始写起信来。在信中，除了对他不能到校面谈表示遗憾与理解外，我主要表达了对云辉的期待。我这样写道：

“其实，云辉有些方面挺不错的，比如他的理解能力，很多相当有难度的题，如果仔细看他的答案，都是正确的，只是字迹难以辨认，常会使他失分。再如他的口头表达能力，如果真的点名让他回答时，他答得还是非常有条理的，只是写作文时却常常不能将这种条理性体现出来。而且，我判断，成绩的落后已经使孩子不够自信了。这一点，通过孩子的表情就可以看出来。相信您也有这样的感觉，对吗？”

“不知道您是否同意我这样的观点——孩子在学习上的确比大多数孩子弱一些，但这并不代表他没有进步的可能。而且，我认为在孩子的学习上，作为教师的我们与您一样，多少是有责任的，比如我们没能将孩子的习惯培养好，给孩子应有的帮助还是少了点。您可能比较忙，我能够理解，因为大家都一样，都要担负起养家糊口的责任。只是，我在想，孩子正在读书的年龄，如果稍有空闲，在这方面我们还需要一道多关注一下，好使他能够有所进步……”

书信有其自身的魅力。将信带回去的第二天，云辉特地到办公室告诉我：“爸爸说明天有空，想下午来。”自然，这对我来说是个好消息，至少，我与孩子父亲沟通的事正在朝着好的方向发展。于是，我又开始准备起来。我得想一想，孩子父亲来了后要重点交流些什么。至于我们所交流的内容，孩子父亲能不能入耳入心，又最终能做到怎样的程度，还是暂时不做考虑为好。能迈出这一步，有了进一步交流的可能，对于我的工作而言，对于孩子的成长而言，都已经算是一个不错的开始了。

多年过去，相对那时而言，现在的沟通方式已经越来越多样化。比如书信，也可以直接通过微信、QQ、邮箱等来交流。但即便如此，在给家长写书信时，我还是坚持手写。因为我认为，手写本身就意味着我对这件事的重视，而信纸也是一种具有温度的符号，传递着我想与家长沟通的期待。面对这样有温度、有感情的书信，大多数家长是不会拒绝打开的。即便不能如教师所期望的那样，一封书信就能让家长全力配合自己的工作，但至少他们能够体会到教师蕴含其间的善意，从而避免因前期沟通不畅带来负面的情绪。

当然，除去师亲之间一对一的沟通，书信还可以是面向全体家长的。其内容及效用类似于前面“家长会”一节中所提的“微型讲座”，可以围绕孩子习惯养成、心理调适等方面展开，但可能比“微型讲座”少了点互动，相对枯燥而已。这儿就不再赘述了。

在技术不够先进，网络不够发达的年代，我们的同仁们运用自己的智慧与爱心，摸索出很多师亲沟通的方式。除了家访、开家长会、约谈、写信等方式，还有建立家校联系册等。这些方式，因其特有的魅力，即便在信息技术高度发达的今天，仍然有其独特的意义与价值。而作为教师的我们，如果能够对这些沟通方式多进行研究，多在实际运用中进行观察、记录、反思，就一定能够让这些传统师亲沟通方式在自己的工作中发挥重要作用。

二、电话沟通

随着移动电话的普及，电话沟通成了师亲沟通中最常用的方式。采用这种方式沟通的优点很明显，比如用时较短、联系及时、运用方便。

除了针对孩子问题的沟通外，在紧急情况及突发事件的处理上，电话沟通的优势尤为明显。比如发现孩子迟到、身体不舒服等，这在传统条件下，可能会是很麻烦的一件事，有了电话，教师便能很快联系上家长，与家长交流并进行适当处理。因而，很多教师在接手新的班级后，都会第一时间将自己的电话号码告知家长，也会在第一时间收集好班级家长的电话号码，以保证能随时联系到家长。

对于农村学校而言，留守儿童较多，电话沟通对于教师、家长以及孩子而言，显得尤为重要。因为对于留守儿童的家长，他们有的或文化程度有限，或在外条件有限，使用微信之类的沟通方式对他们而言可能存在一定的难度。在这样的情况下，使用电话进行联系，对于加强师亲沟通与合作，促进孩子健康成长，无疑是最佳的选择。

案例23 帮孩子找回童年

初见云梦，心里很不是滋味。这孩子怎么穿着双拖鞋就往学校跑？再看看头发，更是乱蓬蓬的！

将孩子请到办公室，给她提了点要求：“明天上学换双鞋来，把头发梳一下。咱是大姑娘了，得注意形象。”孩子很听话地点着头。

第二天早上，我又见到了云梦，发觉有改变，至少头发整理了一下，虽然还是有些乱。再一看她的鞋，有点吃惊，的确没穿拖鞋了，但还不如穿拖鞋来——那是一双凉鞋，两只鞋后面的绊带都已经断了一边，应该是没法走路的缘故吧，又随意钉了一下，看上去很是刺眼。

见我盯着鞋看，孩子不自觉地将脚往回缩了缩。是家里贫困还是家长太忽略孩子？我心里没底。才接手这个班不过几天，孩子家里的情况我并不熟悉。

我问孩子为什么会穿这样一双鞋，孩子不说话，只是胆怯地看着我。无奈，只得拨打孩子家长的电话，想了解一下到底是怎么回事，没想到话筒里传来的是“您拨打的电话已关机”。于是我便起了家访的心。

中午，趁着午休时间来到孩子家。到孩子家一看，房子还行，两层新房，只是还没粉刷。但家里却乱得如同一锅粥，到处扔的都是生活用品。孩子见我来，便躲到房间去了。农村孩子，大多会这样。我便与孩子的爷爷聊了起来。

孩子爷爷已年过七旬，耳背，我得提高嗓门才能勉强沟通。就在老人断断续续近乎自呓的哀叹中，我初步了解了云梦的家庭情况。这孩子目前是由爷爷照顾——父母离异，母亲早已不知去向，父亲外出打工，奶奶在云梦出生前便已过世。

一个年迈的老人，怎么能够将这孩子照顾周全呢？最多就是如爷爷自己说的那般“给孩子一口吃的”。这也就不难理解为什么孩子连一双像样的鞋都没有。

前面所拨打的电话号码，是云梦爷爷的。手机坏了，老人也没办法换，所以我没能打通。这么一说，我便想起，孩子又有多久没有和父亲联系了呢？

“大半年了吧。过年时还是好的，她爸还打了个电话。过年后手机就坏了……”老人大着嗓门说道。看来，云梦爸爸不算是合格的爸爸，这么长时间没联系过孩子也不见有什么行动。我首先要做的工作，应该是找回孩子爸爸对孩子应有的关注吧。

问清云梦爸爸的电话，我便告辞了。对于现状，孩子爷爷应该也是有心无力的。我得与云梦爸爸直接沟通一下。

电话接通，传来建筑工地特有的那种嘈杂的背景音。那个季节，中午的气温还是很高的，云梦的爸爸还在工地上干活。“喂，哪个？听不清……”云梦爸爸在电话中反复说着听不清，便挂了电话。我发了条短信给他：“您好，云梦爸爸，我是云梦的新班主任。等您不忙时，请打个电话给我，我们聊聊云梦学习方面的一些事儿。谢谢！”之所以标注的是“学习方面”的一些事儿，怕引起家长误会，导致他着急。

直到傍晚时分，云梦爸爸的电话才回过来：“老师，什么事儿？”

于是，我便将今天家访以及云梦平时的一些情况与家长交流了一下，主要是从孩子过于缺乏照料这方面谈的。之后，我开始向家长提要求了：“能不能想个办法，给孩子把必需的生活用品备齐？五年级的女孩子了，多少懂事了，这样连双像样的鞋都没有，可能会使孩子感到自卑的。”电话那头，孩子父亲沉默了一会儿，可能是思考怎么办吧。

“那好，我打个电话给我大姐，看她有没有时间回去一趟，给家里买点东西。我爸年纪大了，电话又不通，有什么事老师您再打电话给我，谢谢您了！”第一次交流，这样也算是达到目的了，于是挂了电话。但我知道，这样对孩子来说，还是不够的。她所缺的不仅仅是物质上的，更是亲情的温暖。

过了两天，孩子穿着新凉鞋到了学校，看上去心情不错，我便“怂恿”她给爸爸打电话。可孩子并不乐意，即便我半是哄半是逼。看来，长久不在一起使孩子对父亲有了陌生感。真想帮这可怜的孩子一把，可又能怎么帮呢？

怎么帮？还是通过电话解决吧。当天傍晚，估摸着云梦爸爸应该下班了，我又一次拨通了他的电话。我将孩子的大致情况简单告诉了他，能听出电话那头的他多少还是有感触的。我便趁热打铁道：“后面如果有哪天不忙，趁孩子在学校时您打个电话给我，我来给孩子接一下。你俩也要说说话，要不时间长了，不是您忘了有这个孩子，就是她忘了有您这个爸爸呢！”

一天，我正在办公室改作业，电话响了。一看号码，是云梦爸爸的，便将云梦叫到了办公室。孩子很羞怯，拿起电话非得到办公室外接听。不管去哪儿接听吧，只要能够让她与爸爸顺畅沟通就好。

就这样，有时让云梦用我的电话打给爸爸，有时她爸爸打过来找她，偶尔我也会在电话里与云梦爸爸聊聊孩子的近况，时间不知不觉就到了期末。那天，云梦将电话递还给我时，脸上堆满了笑容。

看她这样高兴，我便问道："有什么事这么高兴？""爸爸说今年他要回家过年！以后他不到外地去了，就在家旁边找事做了！"这神态是我认识她以来第一次出现。在孩子的心灵里，有时幸福应该是挺简单的吧。有人关注，有人陪伴，对他们而言可能就是幸福了。

小小电话，使因生活压力而略显麻木的父亲找回了责任，也使因缺少沟通而内心孤独的孩子找回了亲情。而在其中，我也感受到了莫大的快乐。因为这样的结果，意味着眼前这个让人心疼的孩子可以获得更好的照料，可以有更加美好的童年。

电话，能给师亲之间的沟通带来很多便利，实现师亲之间的良性互动。只要教师能关注到孩子的问题所在，具有主动沟通的意识，就能通过电话与家长进行沟通，对家庭教育进行一定的引导，给孩子提供应有的帮助。

只是，在与家长沟通的时候，我们还需要注意自己想要表达的意思是否表达准确、清楚，这样才不会使家长的理解与我们想表达的内容之间产生偏差，造成不必要的误解。

案例24　请把话说清楚

那天，学校举行文化艺术节活动。入场一会儿，静妍老师发现宏义有点不安分。别的孩子都笔直地站着等候，可他却弯着腰在地上捡着什么。走过去一看，他在捡其他同学掉落的彩纸呢！怎么这么贪玩！静妍老师拍了拍他的小脑袋。

宏义抬头一看，是静妍老师，便笑着向静妍老师说道："老师，我们班这儿太脏了。没关系，一会儿我就能捡完。"原来，他并不是不守纪律，只是想让班级所在场地的卫生状况更好一些啊！静妍老师非常感动，没想到这平时看上去很是调皮的宏义，居然对班级形象这么在意。她决定打个电话给宏义家长，表扬一下宏义。一直以来，每当孩子表现出色时，她都会这样做。孩子们也非常在意她这样的表扬。

电话拨通后，静妍老师说："宏义爸爸，宏义今天在学校表现非常好，能够在文化艺术节活动中，主动捡地面的废纸。他回家后，希望您能够表扬表扬孩子。"宏义也听到了这番话，小脸激动得通红。要知道，以往他还没受到过表扬呢！

可没想到的是，第二天，宏义却无精打采的。这孩子是怎么了？静妍老师便走过去，关切地问道："宏义，今天怎么了？"没想到听静妍老师这么一问，宏义"哇"的一声哭了起来，边哭边说道："爸爸打我了！"

听了好半天，静妍老师才算听明白，孩子挨的这顿打，居然与自己的那通电话有关。

昨天放学后，宏义一到家就发现爸爸脸色不对。刚放下书包，爸爸就过来了："听说你今天在学校表现非常好？"听爸爸这样说，宏义心里还是挺得意的，认为爸爸会表扬自己。没想到，爸爸跟着就是一巴掌。"老师都打电话来了。别的同学都在认真参加活动，你在干什么？想捡垃圾？来，给你个袋子，你以后就去捡垃圾……"宏义怎么也不明白，自己努力做好事，为什么挨了这样一顿打。

听宏义这么说，静妍老师受不了了。这位家长，明明打电话是想让他表扬孩子一番，他怎么能这样？再说，孩子主动捡一下废纸，怎么就惹他生气了？不行，得再打个电话与他好好沟通一番。

电话接通了，静妍老师直接问道："宏义爸爸，有件事想跟您沟通一下。昨天在家您是不是打宏义了？"那边，从宏义爸爸的声音中可以听出，他很是不好意思："老师，给您添麻烦了。这小子，就欠揍，揍几次就不敢再给您添乱了。""给我添乱？"静妍老师有点莫名其妙，"没有啊！昨天打电话给您，是说宏义表现非常好，很有集体荣誉感，看到班级的场地上有废纸，能够积极主动地清理。”

“啊？是这样啊！坏了，我打错了！”电话那头，宏义爸爸吃惊地叫起来，“昨天您打电话给我，电话里有点吵，听得不明不白的。听您说他表现非常好，又说他在活动过程中捡废纸，我还以为您在说反话呢！”静妍老师有点哭笑不得：“您怎么能这样理解呢？没听清您就再问一遍啊！”那边，宏义爸爸无奈说道：“一接到您电话就以为宏义又犯错了，就没好意思再打扰您。”……

打完电话，静妍老师算是放下心来。将与家长沟通的内容告诉了孩子，又安慰了他一会儿后，孩子的情绪算是慢慢稳定了下来。

回到办公室，静妍老师开始反思起来，为什么明明是“报喜”电话，却害孩子挨了顿打呢？她想，除了家长性子急外，与自己没能将话说清楚有关。是的，自己的话放在平时，对于绝大多数家长来说应该算是清楚的，但对于宏义爸爸这样从来没有接到过类似电话的家长来说，自己说的是不是过于简略？而且，会场的背景音那样嘈杂，是不是也有可能导致对方听得不够清晰？看来，以后打电话给家长，还是得找一个相对安静的环境，再将话说得更清楚一些，这样才不会使家长有产生误解的可能。

电话沟通是师亲沟通的重要方式之一，作为教师，我们只要在沟通前做好相应准备，把握好沟通的内容、重点、时机，掌握一定的沟通技巧与礼仪，主题突出、用语准确、方法得当，就一定能拉近师亲、师生、亲子之间的心理距离，达到“沟通一个家长，帮助一个孩子，影响一个家庭”的效果。

三、互联网时代的沟通方式

互联网时代的到来，开创了人类活动的新空间，信息传播、生活方式及个人交往等也都发生着深刻而持久的变化。面对这样的形势，教育自然也要追随着社会前进的步伐而前进。于是，有了慕课、翻转课堂等。自然，师亲沟通的方式也在发生着变化，比如微信、QQ、校讯通、班级公众号、班级博客、线上家长会等各种形式，也开始出现在师亲沟通中，并逐步成为师亲沟通的主要方式。

基于互联网平台的沟通方式，与传统的师亲沟通方式并不矛盾，因为它们各有自己的优势所在，也各有不足，能够形成有效互补，为教师和家长提供更多元、更高效的沟通选择。

那么，具体到互联网平台的沟通方式，有哪些优势呢？首先是这些方式的沟通效率更高、时效性更强，可随时联系到家长。这在传统条件下是无法实现的。在传统条件下，至少先得在实地找到家长才可以交流。而现在，当面对突发事件时，教师可以在第一时间与家长取得联系，减少信息中转可能带来的偏差。即使不是突发事件，也可以给教师与家长省去路途交通时间。其次是沟通时呈现的内容更丰富。传统条件下的沟通，家长对孩子的在校表现等，常常依靠教师的描述才能有所了解。而现在，除去语言描述之外，师亲沟通时还可以配上图片、音频、视频等更直观、更具说服力的材料，使得师亲沟通时可提供的信息量更大，避免沟通时因彼此的理解不同而产生误解。最后是沟通的时机更灵活。传统条件下的沟通，常会对彼此的工作、生活带来一定的干扰。而现在，只要双方有沟通的意愿，可以随时运用适当的方式进行沟通。

但这并不意味着师亲之间在互联网时代的沟通就是无障碍的。相反，作为当下的常态师亲沟通方式，互联网时代的沟通因双方并不实际见面，缺乏相应的情境，缺乏肢体语言的参与——包括语气、动作、神态等等，有时也会产生误解，引发矛盾。

那么，具体到某一互联网背景下的师亲沟通方式，教师要注意哪些因素呢？下面试着以家长群为例进行分析。

所谓家长群，指的是为方便师亲之间的沟通，借助QQ、微信等平台建立的沟通群组。这样的家长群，目的是方便师亲之间以及家长之间的沟通与交流。可就是家长群，常会使一些教师感到头疼。

比如，雨晴老师新接手的这个一年级班，有些家长热衷于在家长群里“晒娃”。一开始时，看到家长在群里发孩子课外时间参加各种活动的图片、视频，雨晴老师还是挺喜欢的，也常会回复一下“表现棒”之类的。她想，这说明家长重视孩子的素质培养，鼓励一下也无妨。可没想到，过了一段时间后，她发觉群里太乱了。参加活动、出门旅游、新买了玩具、生日会等，只要有孩子在，随手就是一张照片发到群里。有时，她发在群里的各种提醒之类的消息，常会有家长反映没看到。

面对这样的现状，雨晴老师很纠结。制止家长吧，怕对方有意见。不是吗？凭什么别人发时老师还点赞，轮到我发时老师就制止？不制止家长吧，好像已经失去了当时建群的意义。因为她发现，老师们发在群里的信息，很多家长可能看不到。

而更让她纠结的是，除了过度“晒娃”这一现象，还有家长将孩子在班级里的矛盾拿到群里来“评理”。因为这个，已经有过那么几次家长之间的口角了，再这样下去，很可能会引发家长之间的矛盾。

雨晴老师所遇到的问题，是很多家长群里都会有的，并不新鲜。但这些事的确让教师和有些家长感到心烦意乱。家长屏蔽群消息吧，怕有重要信息遗漏；不屏蔽吧，随时可能有消息打扰到自己。而对于家长之间的矛盾，教师更是觉得难以调解。要知道，家长群是一个公共平台，所有言论都会呈现在班级家长的面前，有时难免会出现认识上的偏差，导致部分家长失去对教师的信任。而如果任由家长去议论，不作任何调解，又难免使家长之间的矛盾激化，不但影响家长之间的关系，也影响班级工作的开展。那么，该怎么办呢？

案例25 建群先“立规”

那年，调到县城学校后，我便接手了一个毕业班。于是，我第一次有了家长QQ群。之前在农村学校，孩子大多由祖辈照料，网络普及率也不高，即便有家长群，能够发挥的作用也很有限。只是我没料到，家长群里居然有这么多是非。

你看，有家长在斗嘴。

“让你家孩子别总是缠着我家孩子！”原来，两个孩子是好朋友，放学后一道回家，路上可能耽搁了一点时间。其中一个家长嫌弃另一个家长的孩子成绩差，认为是对方孩子“带差”了自家孩子。

另一个家长也不甘示弱：“谁缠着谁？也不看看自家孩子什么德性。”于是，由说事情转到人身攻击。就这样，两人在群里你一言我一语吵了起来。

等我发现群里有一百多条聊天记录时，事态已经很难控制了。

刚处理完这件事，接着又来了一件事。考试刚结束，就有家长在群里问：“老师，我家孩子考了多少分？今天回来说考得不好，要是考不及格就完了。”没料到，这样一句话却惹恼了一位特殊孩子的家长，那个孩子智力上有缺陷，从来都没考过及格分。也许是两人以前有过矛盾，这位家长在群里的回复看上去很是激烈：“考不及格就完了？……”于是，新仇旧恨一齐在群里发作了，我又是一番救火般的调解。

这样的事儿时常会在群里发作一次，但不管他们以往如何，也知道他们并不是针对我，可现在我是班主任，班级家长之间发生矛盾，最终还是得我来处理，怎么办?

一段时间后我发现，只要在群里有三五个人聊，无论什么话题都可能引发口角。到底是什么原因造成这样的现状呢？首先，当然是这个班的家长之间不够团结。这一点，对于只能带他们孩子一年，而且已经过了近半学期的我来说，是很难解决的。其次，是网络这种虚拟环境，可能会使人有种说了话不需要负责任的错觉，因而语言相对比较直接甚至暴力。这一点，作为这个群的组织者，我必须要采取一定的措施。

于是，我将群设置成“禁言”状态，将几位教师设为群管理者后，开始着手“立规”了。很简单的几条，发在群公告里。

“1.本群为方便教师与家长沟通而建，平时为‘禁言’状态；2.如需要与教师或其他家长沟通，请通过群的‘私聊’功能进行；3.如遇需要讨论的话题，会开放一段时间，请大家发言的内容不要与所讨论话题无关。”

自从实施了这样的措施后，群里正常了起来。也许有人会问：“假如有那么几位家长想要讨论某一共同问题，不是没办法了吗?”其实，家长的适应能力比我们想象的强。关系比较好的家长，他们会再建个联络群，用于彼此之间的沟通。对于这样的群，如果家长邀请，我并不拒绝加入。但对于家长建的几乎是这个QQ群复制版的家长群，我则不会加入。而如果家长想要与我聊点什么，可以直接以“私聊”的形式给我发信息。

后面，我陆续又带了两个班，每到建立家长群的时候，我都会依照这样的模式进行。家长群能达到教师随时能与家长沟通这一目的就够了，不奢望依靠一个家长群就能引导家长在群里共同讨论教育问题。而如果需要调查、研究某一问题，解除群“禁言”，开放一段时间，问题也并不大。

家长群里，有些家长之间有摩擦是个常态问题。这个问题说大不大，说小不小。说不大，是因为大多数情况下，也只是在群里拌几句嘴而已，很少会蔓延到线下。说不小，是这样的现象有损班级的凝聚力，不仅影响家长之间的情感，也会使班级孩子之间产生隔阂。因此，作为教师，我们应该尽力避免这些纷争的出现。班级氛围如果比较融洽，可以让群处于开放状态，不用“禁言”，但一定的群规则还是需要建立的。而定规则最重要的原则，就是使家长在群里除了谈论教育孩子的话题外，尽量不要发无关话题，这样才可以减少家长之间的矛盾，也避免因信息过杂导致有家长不堪其扰而屏蔽群消息，使群的沟通交流能力减弱。

另外，由于家长群里人员众多，师亲沟通时可控性较差，教师的权威也会遭遇前所未有的挑战，时常会出现师亲沟通偏离主题，甚至出现家长有意曲解教师意见的现象，导致师亲关系受损，对教师形象产生一定的不良影响。而这样的矛盾，因为教师自身参与其中，很多时候比较难处理。

案例26 线上矛盾，线下解决

岚岚老师有点委屈，她不明白，为什么自己会被家长在群里指责。

在期末考试前，她就告诉孩子们，考得好的孩子，她会在家长群里发“喜报”，好好表扬。这是她常用的激励办法，也用过很长一段时间了，带其他班级时都没出过问题，但这次发“喜报”，却被家长批评了一通。

“这次考试，表现最为优秀的孩子是萌萌、晴晴、昊昊。祝贺这三位同学，也感谢这三位同学的家长一直以来的付出。”改完试卷，她在第一时间就将自己的承诺兑现。可让她没想到的是，除了以往那种跟帖表示祝贺的回复外，还有一条很特殊的回复：“这次考试，第一名的孩子为萌萌、晴晴、昊昊、亮亮、昕昕……”

回复很长，因为班级所有孩子的名字都在其中。一看，是亮亮爸爸发的。她在心里暗暗发笑，这家长，不是在掩耳盗铃吗？亮亮的成绩，充其量是班级中等，家长竟发这样的消息！

可还没等岚岚老师想好怎么处理，亮亮爸爸又发言了：“在你的眼里，孩子可分三六九等，在我们家长的眼里，每个孩子都是第一名。”火药味很浓，也让岚岚老师很头疼。因为她意识到，亮亮爸爸现在的站位很高，是站在没能受到表扬的所有孩子及其家长的位置上在说话。

“作为老师，请不要以这样的方式来教育我们的孩子。我们的孩子需要的是爱心、善意，不是这样的歧视、标签。”岚岚老师一看，头更大了。

这时，更坏的情况出现了，群里出现了其他家长赞同亮亮爸爸的声音。再不回复，这样的情绪会蔓延的。可作为老师，她又该怎么去回复呢？想了想，她将群设置成“禁言”状态。没想到，这样的举动进一步激怒了亮亮爸爸，他从QQ群转到微信群，继续表达他的不满：“如果不能听到一点不同的声音，作为老师的你是不合格的。”“面对家长可以如此，可以想见，面对孩子时你会怎样。”……

无奈之下，岚岚老师只得咬牙将他从微信群里删除了。她觉得很委屈，自己明明只是在群里对表现优秀的孩子表示祝贺，怎么就招惹上亮亮爸爸指责自己将孩子分为三六九等，歧视成绩不够好的孩子，给孩子贴标签了呢？

可她也知道，将家长群设置成“禁言”状态，将亮亮爸爸移出微信群，这些只是无奈之举，并没有解决问题。从亮亮爸爸的发言可以看出，他对自己有着很深的误解。问题又该怎么解决呢？通过QQ、微信之类来交流肯定是不现实的了，还可能会使矛盾进一步激化。干脆，线上的冲突，线下解决吧。至少，面对面沟通时双方的态度不会如网络上沟通时一般冲动，也更有利于彼此表达自己的想法，不会因各说各的而使误解加深。

岚岚老师没直接打电话给亮亮爸爸，而是打给了亮亮妈妈。寒暄了几句后，岚岚老师说："现在亮亮爸爸是不是还在生气？要不这样吧，如果你们现在不忙，我想去你们家里拜访一下。"亮亮妈妈在电话里表示，天太晚了，第二天会让亮亮爸爸到学校去。

挂完电话，岚岚老师开始反思起来。家长这样不讲情面，仅仅是因为自己在群里表扬那几个孩子，没有表扬亮亮吗？可能有这方面的原因，因为平时自己在群里所表扬的，只是成绩好一点的孩子，亮亮的确没受到过这样的表扬，也容易使家长产生自己的孩子被忽略了的感觉。可这些不至于让家长反应这样激烈，可能平时在别的某些方面，他也是对自己有意见的。那么，到底是怎样的情况呢？岚岚老师决定，明天争取能好好聊聊，看看到底还有哪些方面被自己忽略了。

第二天，亮亮爸爸如约而至。岚岚老师本以为这场沟通会是一场狂风暴雨，没想到却是一个艳阳天。见到岚岚老师，亮亮爸爸笑得很是不自然："真不好意思，老师，昨天有点失礼了。"但岚岚老师判断，这话可能是在家受到家人压力不得不说的，他内心的不满并没有因此而消失，还是得与他深入沟通一下。

"感谢您今天能过来。不是您失礼，而是我考虑不够周全，这样的方式的确忽略了一些孩子。"岚岚老师心平气和地说道，"感谢您的提醒，以后我尽量不在群里表扬或批评孩子的表现，也许私下表扬或提醒更恰当。"

听岚岚老师这样说，亮亮爸爸不好意思起来："真不好意思，是我的错。昨天有点太激动了，没注意说话方式。"

岚岚老师没再和他说这些，而是提出了自己的请求："我知道，我平时肯定也有很多做得不够好的地方，拜托您再给我一些提醒。”

亮亮爸爸欲言又止，岚岚老师敏锐地捕捉到了这个表情。“我真心希望能听到您及其他家长的意见。有时就是这样，自己的不足自己看不到，直到出问题了才会意识到。您能提，也是在帮助我进步啊！”岚岚老师诚恳地说道。

“有件事我想说一下。”亮亮爸爸说道，“年级也好，学校也好，都举行过绘画比赛。亮亮学画画有几年了，我们感觉画得也算不错，可几次活动您都没让他参加。我看了您发在群里的画，我觉得比亮亮画的差很多。”

岚岚老师算是知道了，这应该是昨天那场冲突的症结所在。的确，这学期为了布置教学楼、参加上级绘画比赛等，年级组与学校都举行过绘画比赛。在选择参加比赛的人选时，岚岚老师要求想要参加比赛的孩子事先交一幅画在班级内评选。亮亮画得不错吗？自己可从来没有见到过他的画啊！

听岚岚老师这样说，亮亮爸爸似乎有点明白了：“这孩子，看来是根本没交给您啊。我说怎么几次都没选上呢！回家我再来好好与他说说。他就这样……”

心结解开了，亮亮爸爸愈发不好意思了，临走时，对岚岚老师一连说了好几次对不起。

重新将亮亮爸爸添加到微信群，解除QQ群的“禁言”后，岚岚老师在群里发了一句致谢声明：“感谢亮亮家长对我的提醒，拜托各位家长以后能如亮亮家长一样对我多提意见。如果能够私下将您的意见告知我，就更加感谢了。”而亮亮爸爸，也在两个群里留下了自己的道歉：“失礼了。感谢岚岚老师的大度。”

看到问题获得妥善解决，岚岚老师悬着的心总算是放下了。她相信，经历这场风波之后，班级的家长们会更理性地看待教师工作的不足，学会怎样恰当地表达自己的意见。

对于教师而言，家长群的确给我们带来了很多便利。但在享受这种便利的过程中，我们需要注意其同时可能存在的弊端。作为教师，我们需要关注两方面内容：一是要控制群里的消息量。有些家长及个别教师，不管什么信息都往群里发，甚至有微商广告、拉票投票之类的信息，既让人不胜其烦，又容易覆盖相对重要的信息。特别是教师自身要注意，一定要明确建群宗旨，确定可以在群里分享、讨论的信息范围。如果不加限制与引导，不仅难以发挥家长群应有的功能，反而会使家长群成为各种负面消息甚至谣言的集散地。因而，教师在建群之初便要明确告诉家长，建群为的是方便师亲之间的沟通，不允许发无关信息，以保证群能正常使用。二是要协调好群成员之间的关系。当群里发生矛盾时，教师要及时干预，保证群氛围的正常有序。如果线上不能解决矛盾，可以促使矛盾双方线下沟通，力争将矛盾化解，促成班级家长与家长、教师与家长之间的关系相对和谐，这样才能保证不会对班级管理与建设造成负面影响。

总之，互联网时代的沟通方式还有很多，比如班级博客、校讯通、手机短信、电子邮箱等。合理运用这些网络工具，既能克服传统师亲沟通方式的局限性，又能携手家长共同关注孩子的成长。这不仅有助于优化教育效果，还能使师亲沟通更加顺畅高效，从而更好地促使孩子健康成长。

第四章
师亲沟通的原则

在师亲沟通中，存在着各种各样的问题。这些问题的产生，也有着各种各样的因素。撇开不在此讨论的社会、学校层面的因素，单从教师、家长这直接参与师亲沟通的双方来看，他们对教育的重视程度、受教育水平以及个人的思维特质等直接决定了师亲沟通的效果。

作为教师，我们的职责是按照国家的教育方针、政策，通过学校教育对学生进行知识传授与品德教育。因而，教师的责任意识、知识储备、教育技能、沟通能力及职业心态等，对教师的工作状态有着至关重要的影响。教师的责任意识对于师亲沟通来说非常重要，有足够的责任意识，教师就会关注学生，从而发现问题并努力解决问题，赢得家长的信任。知识储备对师亲沟通来说，也是非常重要的，没有足够的知识储备，教师可能会对学生及家长的言行产生误判，使师亲之间产生不应有的隔阂。教育技能是教师转化学生、促进学生学习的重要能力，缺乏这种能力的教师，很难赢得家长和学生的认可。而沟通能力和职业心态，则是教师在面对家长时，能够保持正常沟通、准确表达自己观点必不可少的素质。

对于家长来说，作为孩子的第一任老师，他们因家庭和个人方面的差异而具有不同的特点。比如，家庭的经济状况，个人所从事的职业、经历、对教育的认识及期望值等，都会影响他们与教师沟通时的态度与方式。家庭的经济状况可能决定了家长能为孩子提供的生活和学习环境，以及这些环境对孩子产生的正面或负面影响。所从事的职业也可能影响家长的世界观、人生观和价值观，进而对孩子产生影响。个人经历、对教育的认识及期望值更是能够深刻影响家长对孩子的教育方式和实际行动。而家长对孩子受教育的态度，往往决定着他们与教师沟通时的态度与方式。

那么，师亲之间如何才能在普遍意义上做到和谐沟通，达成共识，形成合力，并最终助力孩子的健康成长呢？站在教师的角度，也许我们无法要求家长必须为孩子的教育做些什么，但我们可以掌握一定的原则，以便在师亲沟通中赢得主动，促使家长朝着我们希望的方向去改变或努力。

一、师亲沟通的根本是信任

刚接手这个一年级班不久，有家长给我发来了短信："老师，请不要打我的孩子，特别是头，真的不能打。拜托您了！"看到短信，头"嗡"的一下变大了，我什么时候打孩子了？还是因为我举止不够合适引发了孩子的误会，导致孩子回家后与家长交流时使家长产生了焦虑？

我回想了好半天，并没有什么头绪，我回了六个字："感谢您的提醒。"

爱人见我这样回复，有所不解："你至少得解释一下啊！这样不是让家长真的认为你打了孩子？"

我向爱人解释道："家长能这样言辞凿凿地给我发短信，说明他是信了孩子所说的。在这样的情况下解释，只能进一步加深家长的误会，认为我是在掩饰自己的行为。而发这六个字，至少能让家长安下心来。至于我有没有这样的行为，还是等家长与我相处长了，让他自己去判断更好。"

因为我知道，师亲沟通的根本在于信任。在缺乏信任的情况下，教师与家长的某些沟通很容易引发家长的误解。有的家长，当你提醒他孩子的习惯需要改正时，他可能会误以为你嫌弃孩子不够听话；当你提醒他孩子需要加强安全教育时，他可能会误以为你嫌弃孩子给你添了麻烦……如果之前已经存在误解，这样的沟通只会让误解进一步加深。他会在心里揣测，作为教师，你是否因为以往他给你提过意见，就对他心生不满，从而借由孩子的名义来刁难他。

因而，师亲之间如果是面对面的，针对孩子的某一问题进行沟通，一定要在彼此有了初步了解，教师已赢得家长相对信任的情况下才能开展，否则可能会出现一些意想不到的问题。因为家长对教师的判断，往往不是基于听教师如何说，而是看教师如何去做。

案例27 信任源于细节

新接手一个班，兴奋中又有一些不安。兴奋的是，我又有一个班的个性鲜明的孩子可以去爱护、去教育、去陪伴他们长大了；不安的是，我能适应我的这班孩子吗？我能与这些孩子的家长友好沟通吗？相信有很多如我一样教一年级的教师都有这样的感觉。

不知不觉中，一个多月的适应期已过，我发现自己已经渐渐融入他们之中了，被他们接纳，被他们信任。回想这一个多月来的班主任工作，感触颇深，因为从陌生到信任，我渡过了这最难的一关。有了这份信任，就能得到家长最大限度的配合与支持，得到孩子的认可，那么，与他们的相处也会变得更加轻松和谐了。

一年级的孩子对于任何教师来说都是全新的、陌生的，要想在最短的时间内熟悉他们，对于班主任来说是个考验。但也只有最大限度地接近孩子，才能了解他们的习惯、个性、能力等，赢得他们的信赖，使他们在最短的时间内融入集体。班主任可以借助勤观察来做到这一点。

子琴是一个不爱说话的孩子。她在班上年龄不是最小的，但显得最稚嫩。如何才能让她适应学校生活呢？经过一段时间的观察，我发现她在班上喜欢黏着嘉欣。与其他孩子在一起时，她是半天都不说话，但与嘉欣在一起时，她是有说有笑的。那么，我就借助嘉欣来影响她。中午也好，下课也罢，我并不特意去与她交流，而是与嘉欣交流。她在旁边静静听着，时间长了，偶尔会插句话。就这样，慢慢地，她就开始能单独与我交流了。

玮琪，聪明可爱，与她交流非常顺畅。但有一点不足，那就是她要妈妈陪着才肯留下来。妈妈一走，整个班就会因为她的哭泣而陷入混乱。认真观察，虽然妈妈留在这儿，但她下课并不与妈妈在一起玩，而是与小伙伴们玩。班上的乐乐性格好，总是能与她玩在一起。于是，我悄悄与乐乐打个招呼，让她领着玮琪玩。下课后，这两双小手便紧紧地粘在了一起，结伴在校园内玩耍。一天下来，妈妈只是无奈地坐着，并没有与孩子有多少交流。

第二天到校后，我便告诉玮琪，妈妈在这儿很辛苦，而且，妈妈在的话，乐乐就不敢与你玩了。于是，虽然对妈妈还是恋恋不舍，但最终她还是答应让妈妈离开了。之后，再也没有出现让妈妈陪着的现象了。

我想，每个一年级的孩子，个性都是非常鲜明的。教师只要勤观察，就能在第一时间内了解孩子，看到孩子的一些特点并加以合理利用，使他们能尽快融入集体。

除了勤观察外，教师要想获得家长的信任，还必须与家长勤沟通。作为一个新组建的群体，要想尽快了解孩子，让孩子适应学校生活，班主任必须得借助家长的力量。

我们班这一个月来开了两次家长会。有朋友会问，这么频繁开家长会，家长有意见吗？能到齐吗？有意义吗？但通过这两次家长会的反馈，我感觉只要工作做得细致，将关注点落在孩子身上，家长会是可以开成功的，而且对班级的建设有着重要的意义。

我的第一次家长会是在正式上课的第三天开的。这次家长会的目的是在适当了解一些孩子情况的同时，对家长进行一个初步的培训。

自报名那天起，我就逐一对家长打招呼，告诉他们周一要开家长会，并拜托他们一定要来。因而，第一次家长会的到会率挺高的。

在家长会上，我在介绍了班级的科任教师之后，便将主要精力放在了对家长的培训上。

我将学校的作息时间告知家长，并联系作息时间告诉家长怎样培养孩子的作息习惯；将以往见到的新生出现的一些值得注意的现象提炼了一下，并据此告诉家长该为孩子准备哪些学习用品，需要注意什么；对孩子的入学表现进行回顾，并据此告诉家长在家里需要对孩子进行哪些方面的教育，需要注意什么；结合自己的实践经验告诉家长，在家里如何培养孩子良好的学习习惯……而这些都是家长们所急需掌握却少有人告诉他们的，因而家长也就听得津津有味了。

之后，我又提示家长，如果孩子有什么问题，比如孩子的隐疾之类，需要教师关注而又不方便当众说的，可以私下与我交流。

这次家长会得到了绝大多数家长的认可。因为他们中间多数人并不清楚孩子入学后该做什么，而在开学这一关键时间点，我及时地为他们送上了帮助。这样，可以在第一时间让家长明白自己该做什么，该怎么做。

有了这份细致，也一定可以使家长对我产生信任感，从而放心将孩子交给我。

第二次家长会安排在一个月后。这时开家长会，是因为我对孩子们已经有了一定的了解，也发现了一些问题。召开家长会，可以在第一时间与家长沟通，寻求家长的帮助。

比如子健这孩子，平舌音与翘舌音读不好，因为他所有的发音都介于这两者之间。了解后发现，原来是妈妈在家也尝试着教他，而妈妈的发音就有这样的问题。再比如有的家长在家已经逼着孩子写比较复杂的汉字了。还有，有的孩子整天没精神，因为在家里总是跟着家长看电视，等等。这些问题，都需要与家长沟通。

在家长会中，我对孩子们的优缺点随口道来，对孩子的进步及需要纠正的地方也一一告知家长。这样，充分地调动了家长的积极性，让他们在了解自己孩子情况的同时，也了解了班级的整体状况。在这样的氛围中，更容易建立家长对我的信任。

至于平时的沟通，则更是有必要的。我们班有部分家长中午会送午餐到学校。那么，这个时间段就可以与家长进行交流。孩子些许小的进步，些许小的问题，都可以拿来交流一番。在这样的交流中，家长也就对教师有了充分的认同感。

记得晨曦的头被恒云不小心弄破了，一个电话，恒云的爷爷就赶来了，问题得到妥善解决。而中午晨曦的妈妈送饭来时，看到孩子头破了，一点责备的情绪都没有。这都得益于平时的交流让家长产生了信任感。

试想一下，短短一个月内熟悉她的孩子，可以具体说出她家孩子的特点，并注重积极与她交流的教师，又有什么理由不去信任与尊重呢？

当然，一个好的班主任，除了观察孩子，与家长及时沟通外，还得用心记录下有关孩子的点点滴滴，并及时反思。唯有如此，才能最大限度地保证自己的工作不出现偏差。

每天，写完教学日志我都会问自己：今天我有哪些可以肯定的地方？今天我有哪些不足的地方？今天我有什么样的感触或收获？甚至，我常常想，如果班级的孩子是我自己的孩子，那么我又会怎么去做？

正是基于这样的反思，我写下了这样的文字：

对于班级部分孩子写的字歪歪扭扭、看上去很大，我是从来不加责备的；对于个别孩子做连线题时，即便用了尺子还画得歪歪扭扭、不成直线，我也是从来不给予批评的。我只是尽量提醒他们："孩子，慢点，再慢点。""写大点没关系，画不直没关系，只要你尽力了。"

因为我的孩子写字也曾这般大过，手指力度也曾如同他们一般不够，无法像成人设想的那样流畅书写。

"为什么男人长胡子女人不长胡子？""为什么山羊喜欢吃草？""为什么鸟儿有的在天上飞，有的却变成了鸭子？"班级孩子常常问这样可爱的问题，而我也常常极耐心地给他们以解答，虽然我说的并不一定科学准确。

因为我的女儿也曾经这般幼稚可爱地问过这类问题，也极想有人去关注她的问题，给予她解答……

想到自己的孩子，我常常眼角有点湿润。

想着她告诉我老师生气时她是如何紧张，想着她告诉我老师批评她时她是如何难过，想着她告诉我老师布置的作业她是如何艰难地完成……而这个时候，我的心会变得柔软起来，也就更加小心翼翼地对待眼前的孩子了。

我常常想着如何能让自己的课堂变得更有趣点，因为我知道我女儿喜欢这样的课堂；我常常想着如何能让自己更随和、幽默点，因为我知道我女儿喜欢这样的老师；我常常想着如何让孩子们更轻松点，因为我知道我女儿喜欢这样的轻松……

正是这样的反思，让我明白了我工作的重要性，也常常促使我进一步设身处地从孩子、家长的角度去进行深度反思，反思自己如何才能做得更好。

也正是得益于这样的反思，我才会发现自己的不足并加以补救。这样，我在管理班级时便多了一份担当，少了一份推诿；多了一份责任，少了一份烦躁。

带着这样的理念，带着这样的精神面貌去与孩子、与家长相处，又怎能得不到他们的认同？

总而言之，我认为作为一个班主任，在新接手一个班级时，一定要注重细节，注重勤观察、勤沟通、勤反思，才能在最短时间内走入孩子与家长的内心世界，取得孩子与家长的信任。也唯有如此，才能让自己在以后的工作中游刃有余。

是的，当教师的工作能够获得家长的认可，获得家长的信任时，师亲之间的沟通自然就会更加和谐、有效了。

二年级下学期，因孩子的一些问题，我又与之前发信息给我的家长聊上了。本以为他已经忘记以往发给我的那条短信，谁知他竟然牢牢记得。

"老师，真不好意思，那次发给您那条信息。"他顿了顿，掩饰自己的不自然，"其实早就想跟您道个歉，您别因为那条短信有什么不自在，是我自己对孩子保护过分了。这么长时间，我们家长都了解您，您对孩子的教育非常合理。而且我家孩子有点大惊小怪，后来我也问过别的孩子，说是我家孩子在跑，您抱住他怕他摔了时，可能碰了他脑门一下……"

这件事，也使我更加坚信，如果要给师亲之间的沟通找到几条原则，那么，能够取得家长的信任无疑是最重要的一条——有了信任，教师的教育行为在家长的眼中便会具有更多的合理性；缺了信任，一切的教育行为在家长眼中都可能找出问题。而如何使家长更信任自己，需要我们在实践中努力去观察、体会、反思、总结。

二、师亲沟通的保障是尊重

批改家庭作业时，感觉磊磊的作业字迹过于潦草。不由又想到最近孩子各方面表现都不是太好，比如上课走神比较多，课后也总显得郁郁寡欢，于是便有了与家长聊聊的想法。

我给磊磊妈妈打了电话："喂，磊磊妈妈吗？打扰您了，我是磊磊的班主任，现在您方便接听电话吗？"

得到肯定回复后，我继续说道："磊磊这段时间有些方面感觉不是太好。这两天您有空的话，方便来学校一趟吗？当面聊可能更好一些。如果真没空，我就在电话里与您先聊聊。"

"给您添麻烦了。"电话那头磊磊妈妈说道，"今天要上一天班，明天上午休息。这样吧，明天上午我去您那儿吧。"

电话打完，旁边的同事笑了："你和家长说话时态度怎么这么温和？"

是的，态度温和，这是我与家长交流时一贯坚持的态度。因为我知道，与家长沟通需要做到态度温和，这样是对家长应有的尊重。而这种尊重，往往拥有巨大的力量。

案例28 粗鲁的背后是自我保护

我初到现在任职的学校，接手了一个六年级班。六年级是毕业班，在这最后一年换班主任，可以想见班级多少还是存在问题的。只是我没想到，孩子倒没多少难以解决的事儿，就是家长很难沟通。

"喂，您好！"小曼爷爷的电话接通后，我问候道，但电话那端并没有人回应。重复了三四遍"喂，您好"之后，电话那头才不紧不慢地传来了声音："别喂了，有什么事情讲就行了。"

“我是您孙女的班主任……”话还没说完，便被粗鲁地打断了：“知道，有什么事你说！”

知道我是孩子的班主任怎么还这种态度？这是我第一次打电话给他啊！是因为我刚带他们班，还是其他什么缘故呢？

忍住不快，尽量使自己平和下来后，我与他进行了第一次交流……

不管他的态度如何，我都当没有这回事儿，在需要的时候，依然会心平气和地与他交流。“我只是在尽我的职责，具体家长想做什么，能做什么，会做什么，就不是我所能决定的了。”我这样安慰自己。

随着时光流逝，因着孩子的关系，我和小曼爷爷渐渐熟悉起来。我早忘记了那回事，他好像也不记得我们之间曾经有过不愉快的交流了。

一个雨天，小曼爷爷给小曼送伞来了。见到我站在走廊上，老人快步走了过来。让我意外的是，他伸出手来抓住我的手，诚恳地对我说道：“老师，你是个好人。以往我有什么不对的地方，你不要放在心上。”这样直白的道歉，我第一次遇到，差点都没反应过来。

那天，与小曼爷爷聊了很长时间。从他的话语中我渐渐明白，之前他的态度比较生硬，只是因为孩子各方面表现不够理想，他爱面子，不想被老师训斥罢了——以往的班主任，见到他时少有好脸色。为了保护自己，在我第一次打电话时，他的语气才会那样生硬。只是相处时间长了，感觉到我对他的尊重之后，每次面对我时他都会有点不好意思，所以趁着给孩子送伞的机会，给我道歉来了。

听了小曼爷爷的解释，我释然了。于是，在心里再一次告诫自己，与家长交流时，无论遇到什么情况，一定要保持应有的温和，给予家长应有的尊重。

在绝大多数情况下，家长是不愿意得罪老师的，原因很简单，自己的孩子就在老师跟前，孩子在学校过得怎么样，与老师是有着直接关联的。站在教师的角度来看，绝大多数教师寻求与家长沟通时，也是抱有与家长共同努力，以使孩子能够获得进步，获得更好的发展的目的。按道理，两者之间的关系应该是非常融洽的，可为什么还有家长会与教师产生矛盾呢？

细细思量不难发现，很多时候，家长与教师产生矛盾，与两者的出发点无关，而与双方的态度及态度之中所体现出的尊重与否有关。

案例29 别把家长挤到墙角

期末考试后，有家长来到办公室打听成绩。

当知道了孩子的成绩后，家长深深地叹息道："这孩子一、二年级时成绩都很好，怎么到三年级总是这样差？"

不巧的是，老师是这学期新来的，听到这样的叹息，心里就不大舒服了，回道："那你孩子就继续读一、二年级好了。"

家长可能意识到自己的话有问题，连忙解释道："不是，老师，我只是说孩子这次考得不够理想。"

没想到，老师跟着补了一句："你家孩子这次考试已经很好了。平时都是倒数，这次能考个倒数十名以外已经进步很多了！"

家长一脸尴尬地站在那儿，不知道怎么才能将话题继续下去。而那位老师，依然在忙着自己手头的事。好半天后，家长才缓过神来，与老师打了个招呼，便匆匆离开了办公室……

一场较量，教师"完胜"。只是，这样的"完胜"值得高兴吗？

说者无意，听者有心。家长一开始的话，的确容易让新来的老师听了不舒服。只是，教师这样"你做初一我做十五"也并不妥当，特别是在家长认识到自己的问题所在，已经做了解释的情况下，教师依然这样将家长挤兑到墙角，是不够理性的。这样做，只会让师亲之间的心理距离加大，使得以后的师亲沟通变得困难，既不利于树立自己的形象，也不利于以后的工作开展。要知道，这位能在考试过后及时来打听孩子考试成绩的家长，应该是抱有与教师交流的心思来的，最后却不得不因一句话而匆匆离去。这对于他来说，是少了一次与教师沟通的机会，但对于教师而言，又何尝不是少了一次借助家长力量帮助孩子提高的机会？

因而，当教师遇到家长抱怨自己时，首先要做的不是与家长逞口舌之快，而是在进行必要化解的同时，将重点放在孩子的进步上，与家长耐心沟通。而当家长认识到自己的问题所在时，要给予对方应有的尊重。这样，不仅可以更好地消除误会，化解矛盾，增进师亲之间的互信，更可以借助这样的形式加强合作，为解决孩子所存在的问题打下良好的基础。

在沟通时因家长惹怒自己而“拉黑”家长的有之，讽刺家长知识水平不高的有之，对家长的意见置之不理的有之……这其实是教师的过失，没能给家长应有的尊重。而这样的沟通，带来的是师亲关系的紧张。在这样的师亲关系下，师亲之间可能会有对立情绪，一旦有什么状况发生，往往就会导致矛盾加剧。而这样的结果，是教师不愿意看到的。

因而，在与家长沟通时，教师一定要多想想，自己与家长沟通的目的并不是指责、训斥家长，也不是表现自己的强势，而是要解决出现的问题，使孩子获得更好的成长。如果态度不够温和，对家长不够尊重——即便是家长有错在先，也容易形成师亲之间的水火之势。

从人格上来说，家长与教师是平等的；从个人素养上来说，很多家长并不比教师差；从所从事的职业上来说，也只是社会分工不同。因而，教师不愿意受到家长无礼对待的同时，相信家长也一定不愿意受到老师的这种对待。

教师不尊重家长，会导致家长对教师缺乏信任感——一个过于强势的教师，在很多时候会给人缺乏爱心、缺乏同理心的感觉。而如果家长对教师不够信任，也会给教师带来种种不便——只要稍有风吹草动，有家长就可能会想是教师区别对待了自己的孩子，就可能会使用一些过当的方式“维权”，导致教师不得不面对一些本不必要面对的麻烦。

因而，我认为，教师的强势并不能解决问题，反而会掩盖问题甚至导致新的问题出现。许多案例表明，那些最容易导致家长投诉的教师，平时就相对强势，没能给家长应有的尊重。

因而，温和一点对待家长，给予家长应有的尊重，对孩子来说，意味着不会受到家长过度的责罚；对家长来说，可以最大限度避免不应有的尴尬；而对教师自身来说，可以最大限度表达自己的善意，避免与家长之间产生不应有的矛盾。

接着本节前面的故事再说一说。第二天，磊磊妈妈如约而来。我给她搬来一把椅子，在了解孩子这段时间的家庭生活的同时，向家长介绍了孩子近期在学校的表现。在与家长交流中，我们共同分析孩子近期以来出现这些状况的原因，并商量着如何更好地应对孩子的这些状况。

不知不觉下课铃响了，距磊磊妈妈来到办公室已经有大半节课时间了。后面一节课是我的，见我准备去上课，磊磊妈妈就提出告辞了。不敢确定这次交流一定能够让孩子出现大的改变，但我看到磊磊妈妈那认真聆听、思索的神态，相信至少她会在意今天所交流的话题，并尽力去关注孩子。

临出办公室前，磊磊妈妈又再次跟我道别：“老师，那您忙着，我先回去了。孩子让您费心了。”神态自然而从容。

这神态，是我最愿意见到的家长面对教师的神态，不谄媚，不局促，不愤怒，不激动，平静而自然，仿佛刚刚只是朋友之间的交谈。

这样的交谈，才是真正入耳入心的沟通，也才能真正达到教师想要达到的目的吧。

那么，不管什么时候，无论孩子出现什么样的状况，面对家长时，教师都应给予家长应有的尊重。

人是有着社会属性的，人与人之间的和谐，应该从尊重他人开始。家长与教师也是社会中的人，两者之间的和谐离不开尊重这一原则——虽然在一些教师看来，孩子不够完美可能与家长有一定的关系，但不管怎样，孩子也好，家长也罢，都是具有独立意识的生命体，要想师亲沟通顺利进行，我们必须首先给予家长应有的尊重。这种尊重无关家长的家庭背景、学历层次、经济收入，只是单纯的人与人之间应有的尊重。也只有将家长看作与自己平等的人，我们才能显得更专业，才能成为真正的教育者。

三、师亲沟通的关键是真诚

有同行说："有个别家长，你给他好脸色，他便会找你麻烦。"并且，他举例说，以往他也是一个非常随和的老师，家长来时，他笑脸相迎。不料，一段时间后，却感觉因为自己的随和导致了无尽的烦恼。有家长对他管理班级的方式提出意见，认为他管理班级的方式过于严厉；有家长提出过分的要求，非得让他将自己的孩子放在某个位置……而一旦这些要求得不到满足，家长们说话也极为不中听。

也有同行说："家长，能让就让着点，能哄就哄着点。毕竟，孩子在你班上，对他们态度不好，他们会有心理负担的。而出了问题后，如果平时态度不好，他们会揪着不放的。"他也举了自己同事的例子。他那同事是个极好的老师，每次班级统考成绩都是全校第一，但每年遭遇的投诉也是最多的。投诉作业量大，投诉教师对孩子态度恶劣，投诉教师体罚孩子……一年下来，几乎所有家长私下都对他颇有怨言，而他曾教过的孩子更没几个对他有好印象的。所以这位同行感慨道："别以为将成绩搞上去就能获得家长的认可，更别以为自己可以无条件获得家长的笑脸相迎，给家长心理负担就是给自己添麻烦。"

那么，对于家长，我们到底是"不给好脸色"还是"让着点、哄着点"？我想，这两者都不是最佳选择，最佳选择应该是"真诚"。

案例30 有话不妨直说

每次见到我，秀秀的家长都会表示对秀秀的失望。

"这么大的人，笨得要命，怎么教都不会，还那么懒，让她多做点作业总是推三阻四的。老师，你说这怎么办？"一边说，她还会一边摇头，以表现自己满心的不痛快。

她开始这样抱怨时，我以为是家长真的为孩子成绩着急而口不择言，但听到的频率高了，时间长了后，我隐隐发觉不对劲——话里话外，她更多强调的是孩子成绩不够理想是因为孩子"笨""懒"。孩子每天都要面对她，这样的评价会给孩子带来多大的负面影响？总这样贬低自己的孩子，只是因为想表达自己对孩子成绩的不满意吗？

这不，秀秀家长又来了，照例要表达自己对孩子的失望："老师，真的，我也不知道拿她怎么办好……"

等她抱怨够了，我才开始与她交流。情绪得到释放，交流时可能会更平和些。

"秀秀妈，孩子'笨''懒'之类的话，今天说过，以后就不要再说了。"我正准备开始表达自己想要表达的意思，没想到她又想抱怨了："我说的是真的，她就是'笨''懒'……"

这次，没等她把话说完我便打断了她："其实，如果家长总是这样评价自己的孩子，在我们做老师的看来，只是家长自视极高而又不太愿意为孩子实际多做点什么的表现。”

可能是我的话比较生硬，而她又没意识到我会这样直接，一下愣住了。

相处的时间比较长了，我知道这样说可能会让她心里不痛快，但也不至于因接受不了而与我争执。况且，她也没什么争执的理由——我所说的，只是为了劝说她不要对自己孩子有太多负面评价而已。

我决定将话再说透一点，不说透，她以后可能还会这样评价孩子的。说透了，能够理解我这样说的原因，对孩子会更有好处的。

“秀秀的成绩的确不是太好，但作为家长，总是评价自己的孩子‘笨’‘懒’，可能给孩子的伤害会更多。人们常讲‘儿不嫌母丑’，反过来也是这样的。自己的孩子，如果自己都不去呵护，她又怎么会越来越好呢？”

我停了一下，看看她的脸色，有点凝重。我知道，我所说的话已经成功引起了她的关注。那么，就接着往下说吧。

“我们相处已经有两年多了，彼此也算是比较了解了。所以，今天我说的话可能不太中听，但还是想与你聊聊。孩子的成绩不够理想，作为家长可能会感觉没面子。但如果再去想一想，作为孩子的妈妈，你到底是更想要面子还是要孩子？如果要面子，你尽管还是说孩子‘懒’‘笨’，来照顾自己的自尊，来告诉别人，孩子成绩不够理想与你无关，是她自己不争气造成的。如果要孩子，以后最好不要给孩子这样的评价，要知道，你是孩子最在意的人。如果孩子最在意的人给孩子这样糟糕的评价，她就会相信自己真的是糟糕的。”

秀秀妈妈听着，注意力难得这样集中，那就再提点建议吧。

“我想，如果我们平时能够多关注一点孩子，多帮孩子补缺补差，孩子一定会有所进步的。只是，在帮孩子补缺补差时，千万别只给孩子负面的评价。比如孩子作业有错误，如果比以往有进步，那就告诉她，你很满意，因为正确率比以往高；如果错误率比以往高，你可以告诉她，在难度加大的情况下，还能保持这样的正确率，你对此非常满意。之后，再去鼓励孩子，告诉孩子只要再细心一点，她会更棒的。这样，既有利于密切你们母女之间的关系，又能给予孩子实在的帮助。坚持一段时间，孩子怎么可能没进步？所以，你最需要做到的，是学会适当评价孩子，学会鼓励孩子，学会看到孩子的进步……”

不知不觉，聊了很长时间，秀秀妈妈要回家给孩子做饭了。走到办公室门口时，她又折了回来，站在我面前，诚恳地说：“谢谢你，老师！今天你说的这些，我真没想到。以后我一定会牢牢记住今天你说的这些。以往我的确做得不好，以后一定会改。希望老师以后看到我哪儿做得不好，还能多提醒我，谢谢！”

家长能够这样说，说明今天的沟通是有一定效果的。而如果她真的能够对今天所交流的内容入耳入心，并切实落实到日常与孩子的相处中，相信妈妈这个角色，她会越做越好的。

而经过这次交流，我也认识到，为了孩子，家长是愿意做出一定改变的。因而，当发现家长的教育方式不够合理时，有话直说也无妨。只要是站在孩子成长的角度，只要是给了家长应有的尊重，家长还是能够接受的。甚至，有时“直说”因表达得更明白，更具震撼力，效果会更好。

对于家长来说，其终极目的与教师一致，都是希望孩子好。这个“好”，包括孩子的各个方面，既包括学业成绩，也包括身心健康。而且，准确来说，家长希望孩子“好”的愿望比教师更为迫切。

只是，由于家长在专业知识、关注焦点及关注对象上与教师存在不一致，可能会出现一些偏差行为。比如，在孩子与他人的相处以及孩子的日常行为上，家长更偏向于关注自己的孩子，而教师则需要关注眼前的所有孩子。在这样的情况下，教师应持有包容的心态，真诚地表达自己的所思所想，让家长了解问题所在，并努力在一定程度上达成共识，以便对孩子进行有效的共同教育。

而对于家长的建议或要求，教师也需要真诚看待——看作对自己工作的关心与支持，想要自己的工作更加完美。在能够听取家长建议或满足家长要求时，尽量去做；如果实在有困难，可以适当地解释、商量；而如果必须拒绝时，也无妨直接拒绝。一切，从对孩子负责的角度来考虑，而不是为难孩子或是家长本人，相信家长是能够理解并支持的。

在这个过程中，教师需要做到心态平稳，语言平和，举止得当，将家校之间的分歧限制在可控的范围内，真诚面对家长，不回避或掩饰问题。要知道，回避可能会让我们获得暂时的便利，但问题仍然存在，甚至会随着时间的流逝而变得愈发难以解决。

当我们真诚面对家长，将问题呈现出来，抱着解决问题的态度与家长直接面对问题时，也许我们的工作量会有所增加，但为了孩子的成长，为了以后工作的顺畅，是值得的。这样，既有利于后期与家长沟通、交流，也有利于自身工作的顺利开展。

因而，教师与家长相处时，是否能够做到真诚也是非常关键的。只有真诚相待，我们才能更好地与有着不同经历、个性、背景的家长和谐相处，使他们认识到我们工作的意义与价值，从而赢得他们的理解与支持，共同做好教育工作，达到解决问题、教育孩子的目的。

四、师亲沟通的前提是平等

办公室里常常可以见到教师与家长沟通交流的场景。只是有时，这样的场景会给人很不好的体验。这不，有个办公室里出现了这样一个场景。

“你家孩子我算是教不了了！”老师一边说着，一边翻着孩子的作业本向家长展示。家长则赔着笑脸：“老师，我们一定会注意的。这孩子，给您添麻烦了。”……

作为教师，我们平时都是彬彬有礼的，可为什么有的教师面对家长时，却表现得如此糟糕？

案例31 换座之后

下班刚到家，小菁老师的手机就响了，一看，是勤勤家长打来的。

“凭什么将我家孩子座位换到后面去了？”电话里勤勤家长显得义愤填膺。

事情应该从今天下午说起。下午，勤勤老师看着班级的座位，感到非常别扭。哪儿别扭呢？是勤勤的座位太靠前了。

小菁老师排座位，一直都是按大小个头排的，其间也有一些家长通过各种方式，想给自家孩子换个座位，但小菁老师都没同意。一直以来，在解释与坚持中，倒也没多大事儿，就这样，不知不觉到了三年级。

升到三年级后，小菁老师感到有点压力，就是因为勤勤的座位。以往有学校领导碰到她时，都会顺便向她打个招呼：“小菁老师，我有个朋友家的孩子在你班上，多照顾点。”这个孩子就是勤勤。可自从上了三年级，打招呼的内容就变了。“小菁老师，能不能帮勤勤换个座位？她妈妈说孩子近视，坐得太靠后看不太清楚。”那天，教务主任碰到小菁老师后，又一次向小菁老师说起了这事。无奈，小菁老师给勤勤调整了一下座位，往前挪了两排。

一段时间后，小菁老师总感觉自己做得不太合适。勤勤这么大的个头，往前一坐，对后面那两排的孩子影响非常大。小菁老师知道，虽然那些家长并没有说什么过激的话，但心里多少是有意见的。比如勤勤后面那个孩子的家长，就委婉地向小菁老师表达过。思来想去，小菁老师决定将勤勤调整到原来的座位上。小菁老师认为近视并不是大问题，勤勤即便近视，配副眼镜也就解决问题了。

没想到，刚调完座位，勤勤妈妈就打来电话，态度非常不好。

忍住内心的情绪，小菁老师向勤勤妈妈解释了一番。自然，勤勤妈妈并不接受小菁老师的解释。无奈，解铃还须系铃人，小菁老师给教务主任打了个电话，说明了一下情况。一番周折过后，事情勉强算是解决了。

事后，小菁老师对自己的问题进行了深刻的反思。她意识到，之所以会有这事儿发生，最主要的原因是对待孩子及家长缺乏平等意识。一开始她是坚持原则的，可勤勤妈妈托很多人打招呼后，她的心态发生了变化。在这个过程中，可能造成了家长“有人好办事”的错误认识。这也直接导致后来再次调整勤勤的座位时，勤勤妈妈会有那么大意见。

那么，面对家长的请求，作为老师，我们到底该怎么做？还是平等对待家长为好。在对待“特权家长”时，不能过于让步，过于谦卑。只有这样，教师才能在家长群体中树立一定的威信，获得家长群体的认可，从而产生应有的互信。而对于家长所给予的一些压力，教师其实并不需要太为难，只需要做好应有的解释工作就好。如果解释工作也不能见效，那就顺其自然，因为，如果教师做了一个错误的决定，最终承受这个决定所带来的后果的一定是教师，而非给予压力的那些人。也就是说，之前你所承受的压力，可以避免后期可能存在的更大的压力。

案例32 一个家长与一类家长

“孩子就这样，你爱怎么样就怎么样吧，反正我是管不了了。”在一次沟通后，家长扔下这句话，转身就走了。小友老师很是委屈，自己的话并不重，也是为了他的孩子好，他倒好，冲老师发起脾气来了。

是的，小友老师的话并不重。她将家长请到学校，是因为孩子的成绩。自小友老师接手这个班以来，晨晨就没考及格过，家庭作业也是做一半丢一半，而做的那一半，在小友老师看来，还不如不做。

“作为老师，我希望你能更负责一些，担负起一个家长应尽的责任。孩子现在的成绩这么差，如果做家长的不关注、不尽责，孩子以后会更麻烦的……”面对晨晨家长，小友老师有一肚子话想说。可仅仅沟通了三五分钟，晨晨家长便生气地离开了。作为家长，怎么能这样？小友老师也很生气。

但细细观察后就会知道，小友老师与家长谈话的方式有问题——她把自己的位置摆得有点高了。小友老师是才入职的新教师，年龄不过二十三四岁。而晨晨的家长呢？已经三十多岁了。二十来岁的年轻教师，在三十多岁的家长看来，可能还是孩子，却以这样的口吻对自己说话，家长接受不了也就不难理解了。

而更重要的是，小友老师连续对晨晨家长下了几个判断——判断家长不够负责，判断家长对孩子不关注，判断孩子以后会很麻烦。那么，问题来了，孩子的作业不够理想，就一定能够作出这样的判断吗？她对孩子、对家长足够了解吗？据我所知，晨晨家长为了孩子，也是付出了很多，不然，晨晨可能连字都不认识呢。

更需要思考的问题是，小友老师为什么会下这样的判断？说到底，还是因为把自己凌驾于家长之上，而少了去真正了解孩子、了解家长，真正与家长认真沟通的想法。她想要做的，只是让家长想办法提高孩子的成绩，至于过程，她并没有关心。这也算是另类的命令与强迫吧。

当双方处于这样一个不平等的位置时，家长的面子没能得到照顾，也看不到孩子成长的希望，自然就会选择拂袖而去了。

这也导致了之后的事情很难妥当地处理好。这不，自从那次谈话后，小友老师发现，晨晨的作业都不做了。问晨晨，晨晨说爸爸不辅导，他自己不会做；打电话给晨晨家长，总是忙音，应该是被拉到黑名单了吧。当家长真的放弃辅导自己的孩子后，小友老师才感觉到，自己的工作越来越难做了。

不过，这还不是让小友老师最苦恼的，最苦恼的事儿还在后头呢。班级除了晨晨这个孩子，还有几个与晨晨类似的孩子。小友老师试着与这些家长沟通，发现这些家长也不好沟通。问题出在哪儿？出在晨晨的家长身上。那天离开学校后，出于气愤，他将与小友老师的沟通过程记录下来，发在了家长之间建的群里。当了解到小友老师与晨晨爸爸沟通的过程后，这几位家长很快就作出了决定——与其受到这样的批评，不如在没受到批评前就将自己“武装”起来，以强硬的姿态面对小友老师。由此可见，教师所面对的，从来都不是独立的某一个家长，而是某一类家长或一群家长。因为，家长之间也是有沟通有联系的。对待任何一个家长的不当态度，都可能在引发这个家长不满的同时，引发与这个家长处境相同的其他家长的误解。

最终，小友老师在这样的煎熬中将这个班的孩子带到了毕业。回顾这段历程，她感觉像是做了一场噩梦。那些课堂上精力无处发散的孩子，课后的表现让她回忆起来都感到恐惧；那些突发事件之后，却怎么也打不通家长电话的煎熬，让她至今都胆战心惊……

只是，她一直都不明白，自己到底做错了什么？

对于任何家长，教师都要以平等的姿态去对待。缺乏平等，教师也好，家长也罢，或者是孩子，所面对的可能会是层层阻碍与重重障碍。只有彼此之间真正平等了，我们才有倾听家长意见的可能，我们的声音也才有被家长听到的可能。这样，我们才能协调好彼此的关系，真正听到并了解家长的教育观念、教育态度，也才能将自己的意见与建议传递到家长的心中，从而使家长与教师能够步调一致，做好相应的教育工作。

五、师亲沟通的要素是及时

办公室里，有家长正拉着老师不放。

“为什么那么迟才告诉我？还好，孩子现在没什么大问题，要有问题，我一定不会就这样算了的！”家长很是恼火地责问老师。

老师很是委屈地说道：“我不知道马蜂蜇了一下会这么严重，我们小时候经常有人被蜇，都是过一会儿就好了。我也是不想麻烦你们的。”

“你不知道？你不知道就行了？我家孩子对蜂毒过敏，你看那脸肿的，遭多大罪啊！”家长的怒火依然没有退去。

老师无奈，喃喃道：“我也是好心，不想麻烦你们……”

可无论老师怎么解释，家长都不领情。好在最终送医比较及时，孩子没有什么大问题，事情才没有继续发酵。

这位家长平时与教师相处还是不错的，是属于相对温和的一类家长。可为什么在教师出现失误后，家长那样咄咄逼人？要想避免这样的场景，作为教师我们又该做些什么？

事情之所以会变成这样，不仅仅是因为教师送孩子就医延迟了大半个小时，更是告知家长的时间也延迟了这么长时间。在孩子的人身安全面前，如果家长不及时了解情况，事后教师再怎么以“不想麻烦你们”进行辩解，在家长看来都是苍白无力的。所以家长随之而来的责难，也就不难理解了。

那么，面对这种可能出现的安全问题，教师又该怎么做呢？我想，不以自己的经验做判断，在涉及孩子安全问题时，要及时与家长取得联系，及时沟通。只有及时沟通，教师才能避免在后期的问题处理中处于被动状态。

案例33 及时沟通，持续关注

一天，我正在走廊上休息，忽然见到小慧远远地跑了过来。这孩子，跑这么快，全然不记得我那么多次的安全提醒。正要制止她，不料她一失足，“啪”的一声摔倒在地上。

我急忙跑过去扶起了她。

“有没有摔到哪儿?”我问道。

“没事。”她一边回答，一边龇牙咧嘴地吸着冷气。看来，摔得有点重。

等她缓了一会儿，我继续问道：“有没有哪儿摔疼了?”

“就胳膊有点疼。”她忍着疼痛回答道，脸上的汗也冒了出来。看她这样，我这心里就没底了。还是打个电话给家长，看家长有没有空陪她去医院检查一下吧。

电话接通了，是小慧妈妈。听我说孩子摔了一跤，小慧妈妈有点不以为意：“应该没事，我家小慧平时有些大惊小怪的，真要摔到哪儿，她没这么好受的。”既然家长这么说，还是再观察一下吧。

中午放学前我再次询问小慧，小慧表示还是有点疼。于是，我拨通了家长电话，将情况与孩子妈妈进行了交流，并叮嘱她等孩子回家后带孩子去医院检查一下。

下午，一上课我又见到了小慧。“现在胳膊还疼不疼了?”我问道。“还是有点疼。”小慧显得有点无精打采。“中午妈妈带你去医院检查了吗?”“检查了，医生说没问题。”听小慧这么说，我也就放下心来。只是，我隐约感觉不对劲——孩子少了以往的活泼，总是下意识地抱着那只摔疼的胳膊。

下午放学前，我又一次询问她道：“现在胳膊感觉怎么样了?”“还是有点疼。”她皱着眉头回答道。“回家后你还得告诉妈妈一下，让妈妈再带你到医院去一趟，看看到底怎么回事。”

第二天一大早，我便接到了小慧妈妈帮小慧请假的电话：“老师，小慧昨晚胳膊还是疼得厉害，我带她到县医院去查查。”这家长，看来昨晚并没当一回事，没带孩子去医院。

中午，一进教室我便看到了小慧和她妈妈。小慧的手臂已经被固定住了，用一根纱布圈着挂在脖子上。小慧妈妈见到我，有点不好意思：“唉，怕麻烦，昨天中午我就带她到卫生院去看了下，也拍了片子，没发现问题。还好，昨天晚上疼得厉害了，想想还是带她到县医院去检查，结果是尺骨骨裂。”

“现在应该没多大问题了吧?”我问道。

“没什么大问题。”小慧妈妈回答道，“医生说就是不固定也是会长好的。只是怕不小心又碰到了，形成错位就麻烦了，所以给她固定了一下。”

“你也真够心大的，就在卫生院给孩子检查。以后涉及孩子身体健康的事，最好还是去县医院检查比较好，毕竟大医院医疗条件要好一些……”

从头至尾，家长并没有对我表现出什么不满。我想，除了孩子受伤的程度不算太严重外，应该与我能够及时通知家长有关。这个过程中，我更多是表达了作为教师对于孩子受伤的积极救助态度，同时，也让家长充分感受到教师对她的尊重。只有这样，家长在面对孩子受到意外伤害时，心里对教师的不满才会少得多。试想一下，如果教师没有告知家长，而是家长在孩子忍受不了的情况下才发觉孩子受了伤，家长内心的情绪又会是怎样。

因而，作为教师，我们需要时常提醒自己，当遇到关于孩子的突发事件时，除了及时救助外，应尽可能地及早与家长取得联系，进行必要的沟通或提醒，并持续关注事情的发展。因为，只有这样我们才能在孩子遭遇意外事故时，最大限度避免家长的误解，也避免因这样的误解所带来的麻烦，将不利影响降到最低。

除了安全方面的问题，其他问题其实也是这样。因为，虽然我们始终在教育孩子要注意这、注意那，但很多时候还是不得不面对一些意想不到的情况。而如果这样的情况对孩子的身心健康有较大影响，家长的心胸再宽广，多少也会对教师有意见的。这个时候，我们只有及时与家长取得联系，给予必要的帮助，并积极关注事件的发展，与家长共同解决好问题，才能最大限度地避免家长的误解，避免一些损害师亲关系的问题出现。

案例34 一只水杯碎了后

“啪”，一只水杯掉在了地上，摔碎了。正在上课的勤勤老师被吓了一跳，朝着声音发出的地方一看，在正卿和浩文的桌子旁。唉，这俩孩子，上课从来都不老实。

浩文估计先是被声音吓着了，这时才反应过来，大声嚷嚷起来：“老师，他把我的杯子摔坏了。”再看正卿，正手足无措地看着勤勤老师呢。

正在上课，估计也不是故意的，勤勤老师边收拾碎片边对正卿说道：“损坏了别人的东西要赔偿，记得赔他个杯子。”见老师并没有责备自己，正卿的表情明显轻松起来。收拾完碎片，勤勤老师就正常上课了。

第二天的一个课间，勤勤老师正在办公室休息，浩文跑来告状了：“老师，正卿没赔我杯子，我那杯子是才买的！”勤勤老师哭笑不得：“都是五年级的孩子了，还这么着急，也许人家昨天忘记了呢。再等等吧，如果明天还没带来，你记得提醒他一下就好。”

谁知过了将近一个星期，浩文又将正卿拉到了办公室。一看，勤勤老师就知道怎么回事了，估计到今天正卿还是没赔人家水杯。这下，勤勤老师有点不高兴了，但还是耐心地说道：“正卿，你把别人水杯摔坏了，就得赔人家。怎么到今天还没赔给浩文呢？都是五年级的大小伙子了，这样的道理不用老师多说了吧？”

对于这件事，勤勤老师认为这只是孩子之间鸡毛蒜皮的小事，并不是什么大的问题。可没想到的是，最终就是这“鸡毛蒜皮”的小事，给她惹出麻烦来了。

大半个月后的一天，正卿爸爸找来了，见到勤勤老师，第一句话就格外冲：“老师，你是不是要逼死我家孩子？”勤勤老师有点莫名其妙，这是什么话！但勤勤老师还是控制好自己的情绪，问道：“怎么了，正卿爸爸？”“你说怎么了？我家孩子就摔了一个杯子，赔了十多天的早餐钱，还差人家一个杯子。你这当老师的，遇到这样的事就不能和我们家长说一下？”

原来，自从上一次进办公室后，正卿和浩文达成了协议——一天不还浩文水杯，正卿就得付浩文五元钱“罚款”，要不，浩文就会找老师告状。而正卿这孩子，虽然调皮，但非常怕家长，他怕要钱买水杯会使家长知道自己在课堂上摔坏了同桌的水杯，于是便将每天的早餐钱省下来，交给浩文当“罚款”。

说来家长也有责任——对孩子过于严厉。但勤勤老师不想在这关口激化矛盾，便只解释自己这一方面的问题：“正卿爸爸，这应该是俩孩子私下商量的，我也不知道。等会儿我去处理一下，让浩文将这段时间拿的钱退给正卿，再给正卿道个歉。”“退个钱就算了？我家孩子这么多天一直受欺负，还没吃早餐，这怎么算？”正卿爸爸依然怒气难平，话锋一转，又将怒火转向了勤勤老师，“还有，孩子将别人水杯打碎了，我们也不是不赔，你打个电话告诉我们一下，不就没问题了？”

对于这样的家长，勤勤老师感到百口莫辩。是的，也辩解不了什么，这件事确实是自己没有处理好，给正卿带来了一些伤害。唉，要怪就怪自己的工作不细致，只考虑到金额并不大，考虑到教育孩子，而没考虑到孩子家庭的因素，没考虑到及时与家长沟通一下。就像家长所说的那样，最不济也得打个电话啊！

好在办公室里有其他老师在，大家你一言我一语地劝解着正卿爸爸。最终，正卿爸爸丢下五十元钱，并勉强表达了对勤勤老师的歉意。要不是同事们帮忙，勤勤老师真不知道该怎么去解决这个问题。

在问题的后续处理中，勤勤老师吸取了教训，除了与浩文进行了一番沟通外，还及时打了电话给浩文家长，解释了事情的经过。电话那头，浩文家长对勤勤老师表达了歉意，并让勤勤老师转达他对正卿及其家长的歉意。同时，他还承诺，一定会教育好孩子，让孩子不再出现类似的行为，并主动提出回家后会与浩文核实收了正卿多少“罚款”，并及时退回。

事情到此算是解决了，但勤勤老师还是为此深深地责备着自己，她责备自己工作做得不够细致伤害了孩子，也伤害了师亲之间原本比较和谐的关系。是的，教师的工作就是如此，要细致而及时。缺少了细致，可能就发现不了问题，而缺少了及时，即便发现了问题，有时也会对孩子造成伤害，进而引发不必要的师亲矛盾。

教师的工作无疑是琐碎而繁杂的，但不管怎样琐碎与繁杂，在现实工作中，遇到问题时还是需要与家长及时沟通——除了这类可能涉及孩子身心健康的问题，如果有条件，其他问题也可以与家长及时沟通，比如孩子的学习状态、最近表现、可能需要家长关注的地方等等。这样的及时沟通，除了可以借助家长的力量解决问题外，还可以在一定程度上了解家长、了解孩子的各方面情况，为以后的工作奠定一定的基础。而且，这样的及时沟通还可以拉近与家长之间的心理距离，建立家长对自己的信任感。虽然这样做可能会增加我们工作的强度，但有了这些，在以后的工作中，我们就可以最大限度地避免工作失误，避免给孩子带来负面影响，从而更轻松愉悦且高效地工作。

六、师亲沟通的边界是适度

“老师，我家俊华上午就出去了，说是到同学家玩，到现在都没回家，你能帮我找一下吗?”周末，正在高铁上赶赴外地的靳老师接到了俊华家长的电话。

靳老师问道：“到哪个同学家去了?”她心里还想着，要是知道去了哪个同学家，就给那个同学的家长打个电话，这样就能联系到俊华。

“不知道名字，只知道他家应该住在兴华小区，你能帮我去找一下吗?”

“你自己抽空去一下吧，也许在小区里能碰到。”遇上这样的家长，靳老师感觉颇为无奈。周六孩子出门去玩，家长自己不知道孩子去了哪儿，还专门打电话让老师去找。

没想到，电话那头的家长却不高兴了：“我现在没空，店里正忙。你们老师不是对孩子家都熟悉嘛，帮我跑一趟有多大关系?”

虽然家长以开玩笑的语气在说，但靳老师明显感到这并不妥当——自己和家长并没熟悉到这个份上，即便非常熟悉，话也是不能这样说的。既然话说到这份上，靳老师觉得必须表明自己的态度了：“不好意思，我现在在高铁上，赶不回去。即便能赶回去，周末孩子出去玩，也是家长应该关注的。以后请注意两点：一是孩子如果外出，作为家长，请关注孩子的去向；二是教师也有自己的生活，不在工作时间内，请家长尽量自己解决这些问题。”

约莫过了二十分钟，靳老师收到了家长发来的信息：“孩子已经回家，打扰老师了。”孩子安全回到家，靳老师也松了一口气。回想前面比较尴尬的交流，靳老师还是觉得非常有必要，因为建立家长的“边界意识”，不管在什么时候都是有必要的。

对孩子而言，家长和教师都是“重要的他人”，直接影响着孩子的成长状态。这种重要性如同苏霍姆林斯基所说的：“教育的效果取决于学校和家庭教育影响的一致性。如果没有这种一致性，那么学校的教学和教育过程就会像纸做的房子一样倒塌下来。”因而，作为学校教育和家庭教育的主要实施者，师亲之间的沟通与合作无疑是非常重要的。师亲之间的沟通与合作如果顺畅而扎实有效，家长的智慧和资源就能参与到孩子的学校教育中，使孩子所受的教育更加完善而丰富，教师的智慧和资源也就能更多地进入孩子的家庭教育中，为家长对孩子进行更为恰当的教育提供参考与指导。

但这不意味着师亲之间是“亲密无间”的，正如齐美尔所说：“也许在各种个人之间以及在各种群体之间的大多数的关系里，界限的概念在某种程度上是重要的。”师亲之间的关系也应该是有边界的，师亲之间的沟通也需要把握这样的边界。有的时候，在边界内，师亲之间的关系是和谐的，而一旦超出这个边界，就有可能破坏这种关系，导致师亲之间不和谐的情况出现。

案例35 只当老师不当妈

一天，一挂完电话，秋茵老师就一脸不高兴。她自言自语道：

“现在好了，午饭也要我帮她弄。这家长，怎么能这样？”

她说的“家长”，大家都知道，指的是琪琪妈妈。

秋茵老师是才入职的新教师，可能就是因为初入职，怕家长不够信任自己，所以对班级的孩子、家长都格外好。而琪琪妈妈，是那种相对来说大大咧咧，对谁都不见外的人。于是，秋茵老师慢慢就被琪琪妈妈转化成了琪琪在校时的“代理妈妈”。

零食，秋茵老师那儿备了好多，是琪琪妈妈放的。“老师，我比较忙，有时早上等不及孩子吃好，如果琪琪中途肚子饿了，麻烦你给她一点。”衣服，秋茵老师那儿也备了几件，也是琪琪妈妈放的。“老师，秋茵这孩子身体弱，这段时间天气又不正常，我先放几件衣服在你这儿，要是天气冷了，麻烦你给她加点衣服。”……

自从接受了琪琪妈妈的请求后，秋茵老师就忙碌多了。即便是外出学习，也时常会打电话给自己的搭档。早读过后，秋茵老师常会请求道：“麻烦你看一下琪琪早餐吃了没。”天气有变化，还会说：“麻烦你看看琪琪衣服够不够。”……

陆续也有几位妈妈拜托秋茵老师这事那事的，秋茵老师也总是答应下来。在她看来，孩子进了自己的班，就得如自己孩子一样对待。

只是，现在琪琪妈妈又要拜托秋茵老师给孩子准备午餐了。虽然琪琪妈妈明确表示，费用自己会付的，可秋茵老师的内心还是很忐忑——吃过饭后，是将孩子送回学校好还是带回家？送回学校，安全问题怎么办？带回家，自己的午休怎么办？以后，还会不会有其他家长也会这样？可如果拒绝琪琪妈妈……秋茵老师暂时还不知道该怎么去拒绝。

同事帮着支招了：“既然家长说了，这次就帮一下吧。抽个空，约她谈一下，没什么大不了的。只要告诉她，你只是老师，要做好的是教育孩子，而不是给孩子当妈妈来了。话说委婉点，她会明白的。这家长，估计不是自己做不好这些事，也不是太忙，可能是想借着这样的事表现自己的孩子在班级中很特殊，或者希望你对她的孩子能多关注一下。约她谈谈吧，你看，你班上的早餐问题已经有家长在‘跟风’了，如果不处理好你会吃不消的。”想想也对，对琪琪过于关切，的确容易引发其他家长“跟风”，这不仅会使自己吃不消，甚至还会引起少数家长的误解，认为自己私下与琪琪妈妈有什么交易，那样容易引起班级家长的不团结，到时就更麻烦了。有空时还是与琪琪妈妈谈一谈吧。

之后，秋茵老师抽了个空，邀请琪琪妈妈到校面谈。秋茵老师很委婉地将自己的想法与家长进行了沟通，而家长情商也很高，能够听出秋茵老师的所指。交流的过程相对而言还是和谐的，问题也得到了较为圆满的解决。后期，虽然有时她还是会拜托秋茵老师帮着照顾一下孩子，但毕竟不是常态化的事情了。

由此，秋茵老师明白了，对于教师而言，在与家长的相处中一定要有边界意识。少了这份意识，可能会带来很多负面的影响——比如影响教师自己的个人生活，影响教师在其他家长心目中的形象，甚至影响整个班级的氛围。

在现实工作中，作为教师我们需要警惕这种家长无法厘清师亲之间边界的现象。这种现象，并非真正意义上的沟通与合作，它往往会给教师增添本不属于其职责范围的负担，同时也可能为原本健康有序的师亲关系埋下隐患，导致教师工作陷入被动，对班级管理与建设产生负面影响。因此，面对这种现象时，教师需要学会拒绝，并帮助家长厘清边界。

除了这类家长将本应由自己承担的职责推给教师的情况外，师亲之间的沟通与合作还可能出现其他非正常现象，比如教师让家长代替自己完成本应自己承担的工作，或者家长或教师过度干预本应属于对方的相对独立空间等。这些越位现象所带来的，往往不是师亲之间的“合力”，而是不必要的矛盾与冲突。

案例36 “临时老师”，隐患多多

这段时间，青桔老师很头疼，因为自己太忙了，特别是早晨。自家的大孩子已经读高中，一点都不敢马虎，每天早晨都得备好早餐。等将大孩子忙好了，送出门，就得帮小孩子穿衣服，送去幼儿园。匆匆忙忙赶到学校，常常是早读已经开始好长一会儿了。作为班主任的她，一边担心自己的孩子受到忽略，一边又担心班级的孩子早读时是否守纪。

请求同事帮忙？好像也不妥。学校并不要求老师坐班，第一节没课的同事都会来得迟一点。而据她所知，这些同事的处境也不比自己好多少，该怎么办呢？

想着想着，她想到了小杰妈妈，只有她比较合适。小杰是班长，他妈妈人也挺好的，最关键的是，班级所有大一点的活动她都有参与，孩子们也都熟悉。特别是她平时和青桔老师私下关系不错，看上去也有空闲，请她帮忙在早读时维持一下早读纪律，应该没什么问题吧。

一番沟通之后，小杰妈妈答应了，青桔老师感觉轻松了很多。

第二天，青桔老师不急不忙了。将大孩子送出门后，给小孩子穿衣、喂饭，等到合适的时间才送去幼儿园，不再需要像以往那般提前好长时间了。在心里，她是挺感谢小杰妈妈的。

这样的状况维持了将近两个星期。一天，小杰妈妈找到青桔老师说：“老师，孩子们好像不怎么听我的，早读时还是有点乱。还有，有时候在家忙着忙着就没赶上趟，有两天还迟到了几分钟。如果有合适的人，要不您换一个？”青桔老师想，到哪儿能找到比小杰

妈妈更适合的人啊！再说，小杰妈妈说的也不是大问题，不听话很好办，让班干记下相应孩子的名字，到时候自己再加强教育就好了。至于偶尔迟到一会儿，比自己总是会迟到好。

听了青桔老师的意见，小杰妈妈也就没好再说什么了。于是，青桔老师依然维持着这相对舒适的生活、工作节奏。

可是有一天，这种状态被打破了。原因很简单，班级里的孩子出了安全问题。

那天早读，小杰妈妈一如既往地站在教室的窗口旁看着孩子们读书。只是她没看到，被走廊这堵墙挡着的远航和忠民这两个孩子正偷偷地打闹着。一不小心，远航的铅笔扎到了忠民的眼部。当忠民捂着眼睛大哭时，小杰妈妈慌了神，急忙打了个电话给青桔老师。青桔老师一听，马上打电话给两个孩子的家长，让双方家长赶紧到校送孩子去检查。

当青桔老师赶到学校时，两个家长已经领着忠民去医院检查了。过了一会儿，家长打电话过来了，说孩子的情况不严重，只是扎破了眼角，没伤到眼球之类的。青桔老师松了一口气，心里一直暗暗庆幸着。

第二节课，青桔老师没课，就在办公室批改作业。这时，两位家长走了进来。见到两位家长，青桔老师连忙站起来，询问孩子的情况。

“没什么大事，应该不会留疤痕。”忠民爸爸回答道，“费用也不多，检查加处理，费用也就三百六十元。”

听忠民爸爸提到费用，青桔老师想趁着这个机会把事情处理好。“正好你们都在，你们看这费用怎么处理?”青桔老师问道。

“我俩在路上已经商量过了，费用还是你来出比较好。”忠民爸爸不紧不慢地说道，听得青桔老师一愣，半天没反应过来。

一直没说话的远航爸爸开口了：“老师，其实很多家长都对你有意见，只不过大家都不愿意说，那就我俩做恶人，跟你说说吧。我们早就认为你这样迟早会出问题的，天天都是到上课铃响才来，小孩子们又没什么自觉性，怎么可能不出问题呢。”

“这段时间家里比较忙，真顾不过来。”青桔老师解释道，“所以我请了小杰妈妈帮忙照顾班上小朋友，维持班级纪律。”

“一直以来，我们做家长的都非常感谢小杰妈妈，每天都要到学校来维持班级纪律，换别的家长，估计也做不到。只是，她不是老师，只是同学妈妈，怎么能维持得了纪律？小孩子们知道你不到上课时间不来，很少拿她当回事。”远航爸爸说道，“说真的，你偶尔来得迟一点，出了这样的问题，作为家长我们也不会说什么。但天天如此，你多少是有责任的。我们今天如果不说，估计后面可能还会出这样的问题。”

青桔老师有点无言以对。的确是这样，家长缺乏管理班级的经验，更缺乏教师所特有的那种威信，请家长帮着自己管理班级的确不妥。可自己又该怎么回应家长的责备呢？

还没等她考虑好，忠民家长又开口了：“今天的费用我俩已经解决好了，这样说只不过是给老师提个醒。你如果真没空，下学期不当班主任，我们家长也能够理解；如果还当班主任，希望下学期老师能够自己管理班级。偶尔来迟点，有个家长帮着看一下班级，也没多大关系，毕竟孩子们还有点顾忌，不知道你到底什么时候来，不会太过分的。今天有点失礼了，得罪之处，你多原谅。”

听家长这么说，青桔老师颇不好意思，一边感谢着家长的提醒，一边对自己的考虑不周表达歉意。下学期到底当不当班主任了呢？青桔老师是得好好考虑一下。至少，她要做到家长说的那般，不能再指望找某个家长来做本属于自己该做的事了。否则，再发生什么别的事件，可能真的会让自己陷入极大的麻烦中。

家长是教师实施教育最可靠的支持者，是教师的同盟者。教师的工作离不开家长的支持，家长实施家庭教育也离不开教师的指导与引领。但作为教师，一定要明白师亲之间的沟通与合作并不是无条件的，也不是任何时间任何事情都适合“合作”的，教师一定要厘清师亲之间沟通与合作的边界，不能忽视家长的教育作用，也不能放任家长或自己主动或被动地越位。因此，在日常工作中我们要守好师亲沟通与合作的边界，让师亲之间的沟通与合作真正为班级的发展、孩子的成长发挥应有的积极作用，形成应有的良好影响。

七、师亲沟通的重点是务实

对于永旭，雪芳老师一直都感到头疼，原因很简单，看上去很是机灵活泼的孩子，成绩却很差。是永旭的接受能力太弱吗？好像不是。这孩子，如果不是动手写，口头回答问题，在班级算是比较好的孩子。是孩子存在读写障碍吗？好像也不是。“逼一逼”，错误率就会下降很多。唯一可能存在的问题，应该是孩子的学习习惯不够好，基础也较差，所以接手这个班近一年，孩子在学习成绩上还是没多大起色。

雪芳老师也联系过家长。开始时家长还是很配合的，每次约谈都能来学校，可时间一长，感觉家长就不太配合了。这不，上次约谈家长时，双方就有点不太愉快。当雪芳老师要求永旭妈妈在家多教育、多辅导孩子时，永旭妈妈说：“在家我也天天辅导，他就这个样，我也没办法。”雪芳老师感觉自己受到了伤害，因为永旭妈妈说这番话时，情绪明显不对，嗓门很大，有点朝雪芳老师撒气的意味。雪芳老师想，我又没做错什么，为的是你家的孩子，不领情也就算了，干吗用这样的态度对待我？

是的，雪芳老师并没有做错什么，家长在老师试图帮助孩子，使孩子朝好的方向发展时，不应该冲老师发脾气。但这并不意味着雪芳老师在这种情况下的工作是完美的，至少在与家长沟通这方面，雪芳老师还是有欠缺的。

师亲关系一直以来都是一个热点话题。教师与家长之间是一种依赖性比较高的关系，教师对孩子实施的教育离不开家长的配合，而家长对孩子实施的教育也离不开教师的指导。这样一种关系，注定师亲之间要保持较多的沟通。只是，教师与家长之间虽有着相同的目标，但涉及的内容多，教师与家长的理念、经历、知识背景等方面存在很大差异，也注定着师亲之间的沟通具有一定的挑战性。

那么，怎样才能在这纷繁复杂的师亲关系中取得应有的沟通效果呢？重点是要坚持务实的原则。

案例37 教给家长具体方法

当批改到小娴的家庭作业时，若竹老师觉得有必要与小娴家长交流一下。因为小娴的作业又没有完成，而做了的作业，也明显不在状态，错误率高不说，有些字还是写了一半就不写了。

说到小娴，若竹老师再熟悉不过了。这孩子容易走神，无论是上课时还是做作业时。只要一看到她定定地看着一个方向不动，若竹老师就知道她又走神了。在学校期间还行，有若竹老师盯着她，小娴的作业基本能按时完成，有时完成得还算不错，但课后的作业，离开了小娴老师的视线，很难谈得上有质量，而像昨天这样作业没做完的现象也并不少见。怎么办？还是与家长交流一下吧。

小娴妈妈如约而来。寒暄一番后，若竹老师开始与家长聊起了小娴。当聊到小娴喜欢走神时，小娴妈妈笑了："我家小娴就是这个特点，不说学习，就是看电视有时都会走神。我和她爸爸也不知说过多少次，就是不见改。"看来，家长对此也是心里有数的。那么，对于小娴爱走神，家长又是怎么看的呢？

听若竹老师这样问，小娴妈妈说道："真没办法。你说的字写一半丢一半的现象，我打过，也骂过，就是不见改。昨天作业没做完，也怪我们比较忙。她一直做到了十点多，才出来洗漱。这么长时间，我认为她做完了，也就没再检查。估计昨晚做作业，走神时间比较长。"

若竹老师一贯不强调家长检查孩子的作业，也就没在意小娴妈妈昨天没有检查作业的问题。但她觉得，想要使孩子有所改变，光靠自己肯定不行，还得与家长共同关注。但目前，家长并不知道如何去改变孩子，有必要指导一下，使家长掌握必要的方法。

"孩子这么大了，最好不要打骂，再说打骂好像也起不到作用。至于孩子容易走神这个问题，还是需要解决的，要不以后改起来可能会更困难的。我这儿倒有个办法，不知道适不适合小娴。"

听若竹老师这么说，小娴妈妈很是专注地看着若竹老师，看来，她想改变孩子现状的心情也比较急切。

"孩子作业没做完，倒不是她做作业的速度慢，而是走神时间过长造成的。如果能使孩子保持注意力相对集中，应该是能够及时完成作业的。而字写一半丢一半，也是与注意力有关，保持她的注意力集中，这个问题也就不难解决了。"

"没办法，我还是陪着她写作业吧。只是，很多时候就是我们陪在旁边她都会走神，隔一会儿提醒一下都不怎么管用。"小娴妈妈有点沮丧地说。

若竹老师笑了："陪伴只能起到监督作用，不一定能改变她的这一习惯。在学校的时候，我常用奖励的方法，只要作业能在规定的时间内做完，且正确率还行，我就给她加一分；上课尽量不走神，老师提醒不超过两次，也能加一分。加满五分，我就给你闺女加一颗星，奖励一个本子。所以，她在课堂上的表现还行。不信，你回家数数小娴这学期已经获得多少本子了。"

小娴妈妈也笑了："麻烦老师了。看来，在家我也得用这样的方式。"

"是的，不过你们的奖励及条件可以换一换。换成及时完成家庭作业可以加几分，家庭作业获得老师表扬可以加几分，考试写完试题可以加几分，考得还不错可以加几分。可以抽空与孩子一起商量出一个细则来。至于奖励，可以是承诺到哪儿玩一趟，或是她早就想买的你也能接受的玩具之类的。一切都和孩子一起商量，她的兴趣会更高的，做起来也就会更有积极性。"

这场交流，花了若竹老师近一节课时间，而效果也是比较明显的——小娴的家庭作业越来越工整，质量也越来越高了。但若竹老师知道，后期还是需要再与家长多沟通，想想还有哪些方法也可以达到这样的效果——假如孩子对这种奖励失去兴趣，得有预备的措施。多一些这样的措施，不仅可以更好地帮助小娴，还可以为若竹老师自己积累更多改变这类孩子的经验，对若竹老师自己来说，也是一个不错的尝试。

对于孩子的不足，教师与家长沟通后仍没有什么改善时，有的教师就会心态失衡，认为家长不重视自己的意见，不愿承担作为家长的责任，不想在孩子身上多花精力。也的确有这样的家长，但更多的家长并不是这样的。很多时候，他们是心有余而力不足。他们确确实实进行了尝试，也确确实实尽了自己最大的努力，但他们缺乏激励孩子、引导孩子的经验和方法。

这个时候，他们所需要的不是教师笼统地强调教育孩子的重要性，更不是教师的无端指责。这些为了沟通而进行的无实质内容的交流是没有任何好处的，反而容易给家长留下教师在推卸责任的印象，从而对师亲关系造成伤害。他们所需要的，是就事论事的务实沟通，是具体针对孩子不足之处提出的有操作性的教育方法。有了这些，他们才知道该怎么做，才能看到孩子转变的希望。否则，交流越多，越容易引发他们的逆反心理。

除了对家长无力解决的问题，需要教给家长解决问题的方法外，师亲沟通中的另外一个特点也是需要我们注意的，那就是我们无法选择自己的沟通对象。所需要沟通的对象，是由工作中相关情况决定的。这种特点也就决定了很多时候我们所面对的沟通对象之间也是有着巨大差异的。很多时候家长的情况是各不相同的，有在家陪读的，有外出务工的；有个性温和的，有相对固执的；有比较内向的，有比较外向的……面对不同性格、不同经历、不同背景的家长，如果我们的沟通方式过于单一、生硬，很可能会造成沟通的不便，形成沟通的障碍。而我们想要让自己的沟通更务实有效，就必须具有一定的灵活性——在沟通中需要主动调整自己的沟通方式以及沟通风格等，以求尽量与沟通对象取得较好的沟通效果，达到较好的沟通目的。

案例38 群体效应

班级的那块大屏幕损坏了。事情的原委很清楚，是海峰、昊伟和旭东这三个孩子给弄坏的。这三个小家伙，中午到校太早，想看看自己的力气如何，便合伙用这块大屏幕试手。结果一不小心将屏幕弄倒下来，摔坏了。好在孩子们没受伤。

通常遇到这样几个孩子共同造成班级财物损失的情况，我会先挨个给家长打电话，分别与他们沟通好后，再将他们聚到一起来，商量具体的赔偿事宜。可这次，我犹豫了。原因很简单，里面涉及旭东家长。

从以前的沟通情况来看，旭东家长是那种“有理不饶人，没理争三分”的人，与他沟通，很可能会出现拒不认账的现象。对此，我是深有体会的。就说上次课间将同学推倒的事吧，被推倒的孩子头上撞了个大包，去医院检查了一下，还好没问题。而旭东家长在处理这件事的时候一点都不配合。“我又没同意去检查，再说不是没事嘛！”“在学校发生的，学校应该承担责任。”……经过多次调解，直到他爱人都看不下去了，才算是解决了问题。当时的检查费用是三百多元，现在，这块屏幕摊到他孩子头上，得有近五百元，我很难判断他会有什么样的反应。

至于海峰家长与昊伟家长，我知道都是很爽快的人，也愿意配合教师的工作。那么，该怎么办呢？我决定，先不分别沟通，而是将他们聚到一起后再商议。我想试试，在海峰家长与昊伟家长的影响下，旭东家长是不是也会变得通情达理一些。

半小时内，家长陆续到齐了。听我将情况介绍完，海峰家长当即表态：“老师，又给您添麻烦了。我家那熊孩子，太让您操心了。没事，该多少钱我出。”昊伟家长也应和着：“我家那小东西，也不知道怎么想的，总是那么调皮。在家也教训过他很多次了，但一疯起来啥都忘了，真拿他没办法，给老师添麻烦了。费用问题，老师您放心，该要我们干什么，老师您尽管招呼。”

一直没说话的旭东家长，这时也缓缓开口了：“这中午时间怎么还这么调皮。”我竖着耳朵听着，生怕后一句会是“怎么没老师看着”。要是那样，又得费一番口舌，告诉他孩子到校的时间不要提前太多，告诉他以往也做过很多安全方面的教育，等等。好在他并没有这样说，而是话锋一转：“看来，回家我得多说说他了。老师，给您添麻烦了。”

又聊了一会儿孩子们平时的表现，再次提醒他们送孩子到校要尽量按时，这次交流也就结束了。问题总算顺利解决了，我也暗暗松了一口气。我知道，在这场交流中，海峰家长与昊伟家长的积极表态，对问题的解决有着至关重要的作用，如果没有他俩，让我单独与旭东家长沟通，很可能会困难得多。看来，如果班级发生的问题中涉及较难沟通的家长，有时利用其他家长的态度去影响难沟通的家长，也是一种不错的解决问题的方法。

一般而言，我们与家长的沟通大多是为了解决问题或为了孩子的健康成长。其中，我们最怕的是遇到个别难沟通的家长。这样的家长，或不知道怎么教育孩子，或不懂得怎样与人沟通，甚至不愿遵守应有的规则。因而，他们可能出现的问题也是五花八门的，或对孩子简单粗暴，或对他人蛮不讲理，甚至是回避问题。面对这样的家长，教师所要做的是充分发挥自己的主观能动性，灵活采取各种合理的方法，积极应对，以更好地解决问题，并维系好与家长之间的关系。

第五章

师亲沟通的策略

在日常的教育工作中，作为教师，我们都知道师亲沟通的重要性。但也不难看到，教师与家长沟通的积极性并不相同。有的教师很愿意与家长沟通，当孩子出现问题时，除了自己用心思考、认真应对外，还会在适当的时间与家长沟通，寻求家长的帮助；而有的教师则不愿意与家长沟通，即便孩子出现问题的原因自己并不清楚，也不会主动与家长联系，而是自己独自面对。

那么，是什么原因导致了这种不同？这里面当然有教师个性的原因——有的教师相对外向，愿意与人交流；有的教师则过于内向，与人交流有障碍。但不得不说的是，与家长沟通时的不愉快的体验，也是造成一些教师不愿意与家长密切联系的一个重要原因。

我曾听说过这样一个案例，为了方便，姑且称案例中的那位老师为芳洲老师，称案例中的孩子为小金吧。

那天，小金同学又没交作业，这已经是这星期的第三次了。为此，芳洲老师找来了小金家长，想与家长沟通一下该怎么去引导小金，使小金能够正确对待作业。

小金家长来了，寒暄几句后，芳洲老师还没能进入正题，便被小金家长七绕八绕将话题岔开了。芳洲老师也缺乏沟通的经验，不知不觉就被小金家长牵着走了。聊着聊着，聊到了收入方面。

“芳洲老师，你现在的工资一个月有多少？”小金家长关切地问道。芳洲老师很诚实地说：“就几千元吧。”“这么少？我抽香烟一个月也不止这点钱啊！”小金家长惊叹道。一席话，让芳洲老师顿觉受了侮辱，却又无法找回面子。

自此，芳洲老师开始拒绝与家长沟通。一方面拒绝与家长沟通，一方面却又不得不面对孩子的问题，这样的煎熬估计也只有芳洲老师自己才能体会到了。

芳洲老师真的不愿与家长沟通吗？不是，她是有沟通愿望的。可有好的愿望并不代表一定能有好的结果。在沟通过程中，芳洲老师始终处于被动，所以导致好的愿望并没有带来好的结果。

何谓沟通？百度百科上是这样解释的：沟通是人与人之间、人与群体之间思想与感情的传递和反馈的过程，以求思想达成一致和感情的通畅。《现代汉语词典》及《新华字典》是这样解释的：使两方能通连。无论怎样解释，都有以下要点：一是沟通是双方或多方的，具有一定的对立性；二是沟通是要有传递与反馈过程的，具有一定的互动性；三是沟通是求得“通连”，即对某一问题达成一致或通畅交流，具有一定的目的性。

所谓对立，指的是虽然家长与教师在一定程度上是“教育同盟者”，但可能因为种种因素，家长和教师所想的并不一致，两者之间存在一定的矛盾。所谓传递与反馈，指的是因家长是独立的个体，有着自己的思维方式，且世界观、人生观、价值观也与教师不尽相同，教师需要将自己所了解的及设想的，以一定的方式告知家长，并了解家长的看法。所谓达成一致，指教师采取一定的沟通策略，使得自己的设想能够获得家长的认同，或从家长那儿进一步获取信息，调整自己的教育方法，使问题得到解决。

那么，如何在师亲沟通过程中占据主动，使得沟通更顺畅、更具实效？教师得有一定的沟通策略。

一、找好切入点

在工作中，我们常会有这样的感觉：有的教师说什么，家长就认可什么，非常配合教师的工作；而有的教师说什么，都可能遇到家长的反对，家长不支持教师的工作。为什么会这样？仔细听他们对话时的内容便会知道，两者的差距只在一点——沟通的切入点。

“你看，你家孩子又给班级拖后腿了，要不是他，我们班平均分可能会更高。”“你知道你家孩子给我们老师带来了多少麻烦吗？”“我真受不了你家孩子了。你看他平时的表现，从来不遵守班级纪律，弄得班级不得安宁！”如果你是家长，你愿意听到这样的批评和指责吗？

“小芳这次考试考得不太好。这个情况多次出现了，如果考试成绩总是不够理想，孩子可能会越来越缺乏自信的。”“小冰有点缺乏自律，这对他的成长来说，可能有不利影响。”“你家孩子就是有点调皮，适当的调皮倒没什么问题，只是有时好与同学发生矛盾，这可能说明他还没能学会怎样与同学友好相处。”如果你是家长，你愿意听到这样的分析吗？

两者有什么不同？就是沟通切入点的问题。前者，大多是从教师自身的需要出发的；后者，则是从孩子成长的需要出发的。当找到合适的沟通切入点后，家长就会意识到，老师找家长沟通是为了孩子的身心健康与未来发展。自然，他们也就愿意配合教师的工作了。

那么，什么样的沟通切入点才是适宜的，能够触动家长，获得家长认可呢？我想，无外乎以下两个方面。

（一）站在家长的角度看问题

先讲一个案例，情况近乎一样的两件事，由于班主任的处置不同，也就导致了不同的结果。

案例39 孩子不见了

“我要去学校投诉你，学校不行就去教育局投诉你。”这话，是一位家长对班主任说的。

事情的起因很简单。一天放学二十多分钟后，这位班主任正收拾东西准备离开，一位家长闯了进来。“我家孩子没接到，到哪儿去了？”家长对她叫嚷道。

班主任有点蒙，这是在冲自己说话吗？见她没反应，家长又叫嚷起来：“你是二（3）班班主任吗？”她点了点头。“我家孩子不见了，你给我找一下！”

她有点恼怒。这人怎么能这样说话？一点尊重都没有！强压着自己的情绪，她对家长说道：“最后一节是体育课，你先去问问体育老师吧。”

家长冲她发起火来：“你这是什么态度?！你不是班主任吗?！班上的孩子不见了，作为班主任你能这样往别的老师那儿推?!”

一连几个问句，一下激起了这位年轻班主任的怒火：“我是班主任，但最后一节课和路队不是我负责！现在都已经放学二十多分钟了，你跑来跟我要人?！不是一再打招呼要及时来接孩子吗？……”

两人争执了起来。还好，有同事路过，听到里面的动静过来劝了一下。最终，家长气冲冲地走了。等家长走后，这位班主任冷静了一会儿，然后给体育老师打了个电话，又去门卫室了解了一下情况，最终查出孩子放学后十分钟还没有人来接，住在孩子家楼上的一个家长见到，就帮忙将孩子带回家了。再通过别的渠道了解了一下，现在家长已经看到孩子了。

按说事情这样也就算过去了，可是这位家长却在事后接连给她发信息，话里话外都在数落她的不对，还说要到学校、教育局去投诉。

相似的事发生在另一个老师身上。很巧，这位老师遇到的也是家长到办公室来要自己的孩子，家长的表现也是这般着急无礼。

那天，这位老师正在办公室里收拾东西——放学已有十分钟了，她准备离校。

这时，门外走进来一位老人，见到她就嚷嚷开了：“哎，我家孩子怎么没接到？平时都能接到的，今天怎么回事？是不是你批评了他，还是你让他罚站了？”定睛一看，是班上一个孩子的爷爷。这老爷子，怎么这样说话？但这位老师没顾得上生气，而是给科任老师打了电话——今天的路队不是她送的，她并不清楚是怎么回事。

电话那头，她得到了同事明确的答复——同事送路队时，清点了人数，都送到了学校指定地点。心里稍稍放了点心，至少这不是同事犯了错。因为学校有规定，放学必须将学生送到相应的位置后，带队老师才可以离开。

第二个电话，她直接打给了当天值班的校领导。这位领导兼任她们班的数学老师，对孩子比较熟悉，又正在校门口值日。她想问问领导有没有见到孩子。一问，内心一下安定了——孩子在路队解散后见到了爷爷，但爷爷没见到他，径直往校园内走了。孩子想过去找爷爷，没料到被其他接孩子的家长挡住了去路，便站在了原地没动。当孩子终于可以看清四周时，爷爷已经不见了。值日领导见孩子孤零零地站在那儿等，便问了一下情况，之后，怕孩子跑丢了，便让孩子去他的办公室做作业了。“见到爷爷我让他去办公室接你。”领导这样对孩子说。可没想到的是，爷爷找不着孩子后，并没有到门口来找，而是直接跑到老师办公室。之后，就出现了前面的那一幕。

将孩子接到后，这位老师又领着这爷孙俩回到了办公室。“老人家，我还想跟你说几句话。”老师慢条斯理地说道。孩子爷爷估计到老师要说什么，一个劲儿咧着嘴冲老师笑。“现在孩子就在这儿，我们来把有些话说清楚点。首先，今天我有没有对孩子不当的地方？”老人不好意思地说：“对不起，老师，我有点着急，说话有点没轻没重的，你多原谅。”“另外，我们曾经说过接孩子应该在哪儿接，您直接往校园内跑，都像您这样接孩子，行吗？”老人摇摇头，认识到了自己的不足。老师缓和了一下语气继续说：“老人家，您也得替学校想想，替老师想想。如果有一点事儿，马上就怀疑老师不负责，对孩子不好，或者怀疑学校没做好，管理混乱，那我们以后怎么能好好沟通呢？”……

同样是孩子不见了，家长找老师要人，最终人也都找到了，可结果却有很大差距。为什么会这样？我想，这应该和教师在与家长沟通时，有没有站在家长的角度看问题有很大关系。要知道，孩子不见了，家长能不着急吗？如果教师在这个时间点生气，家长会比教师更生气。而如果我们站在家长的角度，解决了家长在意的问题后，再借着这个机会与家长深度沟通，就会取得想要的沟通效果。

师亲关系，说到底是由学生受教育这一共同目标而产生的。当教师或家长对对方教育孩子的方式有某种认识时，必然会形成师亲之间的小范围交流。而这种交流的根源在于彼此认识上的差异。因此，如果教师只关注家长教育方式上的问题，而忽视家长内心的认识与体验，那么双方的沟通自然很难取得良好的效果。

师亲沟通中有时会出现家长认为教师过于粗暴，不理解、不关心他们的想法，只是单纯地命令他们配合教师做这做那的现象。这其实是一些教师没能体会到家长的所思所想，没有理解家长行为背后的原因，只一味地从自身需要出发所导致的。如果教师不能真正理解家长的内心需求，对家长的所思所想缺乏应有的包容，甚至对家长进行批评指责，那么家长的自尊、自信等方面就会受到打击，从而对教师产生抵触情绪，师亲之间的沟通就会陷入困境。

更重要的是，当师亲沟通陷入困境后，教师就很难真正走进家长的内心，被家长所接纳。这样一来，如果以后学生出现了什么问题，教师想要借助家长了解一些信息时，就会变得困难起来。当然，也就谈不上有针对性地转变家长的不当教育观念，促使家长与自己一道解决学生问题的可能性了。

因而，在日常工作中，教师需要站在家长的角度看问题，使师亲之间的关系更加和谐。

当然，在沟通的过程中，除了要急家长之所急之外，还要顾及家长的自尊心，理解家长的处境，了解家长的内心需求。这些在前面的叙述中已经有所涉及，这儿就不再阐述了。

（二）基于孩子的成长说问题

孩子的成长，对于每一位家长来说，无疑是最重要的。因而，如果教师与家长交流时能够站在孩子成长的角度来说问题，相信一定能够得到家长的支持与认可。

案例40 “罚”家长“陪读”

成成的家长来了，是我邀请她来学校的。对于成成，这开学一个多月的时间，我一直在与他的“走神”“话痨”以及“好动”做斗争，但收效甚微。

成成的家长属于那种“眼里揉不得沙子”的家长。记得上学期因科任老师对成成要求严了点，批评较多，她就对那位老师颇有意见。好在她与我相处得还算不错，事先到我这儿来抱怨了几句。我听出她话里的意思，一再劝阻之后，才算是没有出现任何问题。可现在面对成成这种情况，我又该怎么与她沟通呢？

思忖了一段时间，我决定还是直接面对家长，来好好谈谈怎么解决孩子的问题。基于我已经对孩子做了大量工作，但收效甚微，我决定采用给家长施加压力的方式，看看能不能转变孩子——因为我能看出来，孩子对家长还是有一定的畏惧心理的，而我能够使用的手段已经使得差不多了。

那是一个星期五的上午，在课堂上，成成依然像往常一样，在不应该说话的时候说话，同时还把前后左右的几个孩子也弄得不得安宁。

提醒无效后，我直接掏出了手机，拨通了家长的电话："喂，是成成妈妈吗？您现在忙不忙？"得到成成妈妈"不忙"的回复后，我继续说道："如果不忙的话，麻烦您抽空到学校来一下，下节课我有空，想与您聊聊成成的问题。"

挂了电话，我对成成说道："每次上课你都是这样，老师有点担忧你的学习，所以，后面的日子老师会让妈妈陪你一道上课，直到你能控制好自己上课时的行为为止。"

现在，成成的妈妈来了，我得做好她的思想工作，让她能够与我一道借着这种形式给孩子施加一定的压力。话从哪儿谈起？自然不能一开始就谈什么"陪读"，那会让沟通陷入对立的。要知道，即便是形式上的"陪读"，对自尊心极强的她来说，也会难以接受的。

"不好意思，又麻烦您到学校来了。"我抱有歉意地说道。其实，不光是对她，对每个被请到学校来的家长，我都会这样道歉的。所谓"礼多人不怪"，这既是一种对家长的尊重，也是安抚家长、拉近心理距离的一种方式。

家长妈妈倒也爽快："不麻烦，不麻烦。是不是我家孩子犯错了？"看来，家长警觉性很高。

"倒没多大事儿，就是想与您聊聊他当前的这种状况。"既然提到这个话题，那就正式开始吧，"成成这孩子，别的都挺好的，对班级工作很热心，与同学相处得也非常好。”这是实话，是实话就得毫无保留地说出来，在夸孩子的同时，夸夸家长，为沟通打下基调——是解决问题，而不是批评指责。自然，家长的情绪在这样的谈话中，是能够保持稳定的。

“不过，这段时间我有点头疼。”夸好了，就进入正题了，“其实也没什么大问题，只是感觉如果不想办法解决，可能会影响孩子的学习和习惯。”

听我这么说，家长一脸认真地听着。看来，她对这个话题显然感兴趣了。也是，涉及孩子的话题，特别是自家孩子，没有家长不感兴趣的。

“这段时间，孩子上课期间注意力很不集中。表扬他吧，效果并不好，反而上课动得更厉害了。批评他吧，对孩子自信心的培养不利，批评多了怕孩子心理会受影响。这学期以来，我一直在想办法使他集中注意力，但效果不佳，也没能找到合适的办法。不知道您对他这个习惯有什么看法?”

“在家也是这样。”成成妈妈接话了，“我也注意到了。做点作业，一会儿起来喝水，一会儿和我没话找话，一会儿拿个橡皮擦。也说过他好多次，但没多大效果。”

能够在这方面达成一致，后面的话也就好说了。“据我观察，你与他之间的亲子关系非常好，每次提到你会因他的习惯问题不高兴，他还是有点改变的。”接着夸他们的亲子关系，为后面的要求埋下伏笔。看看成成妈妈的脸色，应该是不会拒绝我后面的想法了。

“只是，这种改变坚持不了一会儿。所以，今天我就在想，能不能借着他今天上课注意力不够集中的机会，以罚您‘陪读’的方式来逼逼他，使他能够加深上课要专注的印象，能够产生随时提醒自己上课要注意听讲的意识?”对于这类过于要强的家长，要随时关注他们的想法。所以，稍作停顿，在她没有表示反对的情况下，我继续说道："因而，今天在课堂上我就吓唬他了，再不听课从下午起就让妈妈来'陪读'，电话也是当他面打的，想看看用这种方法能不能有点效果。当然，这只是我的建议，如果您感觉没时间或没必要就算了。以后我再盯紧点也是一样。"

成成妈妈笑了："这小东西，先逼他看看。不用今天下午，上午我就不走了，下午我继续来。"答应得这么干脆，我想她还是非常想让自己的孩子有所转变，养成更好的学习习惯吧。

在"罚"家长"陪读"之后，我又与成成妈妈针对成成的特点，尝试过很多其他激励成成转变的方法。比如，成成在学校表现好，由我发信息给家长，家长在家给予孩子奖励；再如，成成在家表现棒，完成作业时不走神、不磨蹭，就由家长拍下照片发给我，我在班级寻找适当时机进行表扬……

在我与家长的密切配合及持续关注下，孩子终于有了进步。虽偶有不够如意的地方，但相比以往而言，已是巨大的变化了。

作为教师，与家长打交道是工作中不可避免的一环。当孩子出现问题时，争取家长的配合至关重要。然而，即便是同样的目的——争取家长配合，不同教师执行起来的效果却大相径庭，其原因往往在于能否抓住家长的心理。若想有效抓住家长的心理，从孩子的成长角度出发来阐述问题，是一种非常有效的方法。不过，要想成功运用这一方法，教师需要做到以下几点：

首先，做好充分准备至关重要。这种准备不仅要求教师要深入了解学生的情况，还了解家长的个性特点。只有这样，才能在交流中避免争执，使家长更愿意接受教师的意见和建议，从而实现沟通的目的。

其次，注意表达方式是关键。面对不同类型的家长，教师应灵活运用不同的表达方式，如直接明了、委婉含蓄、分析利弊或先扬后抑等。这就要求教师准确把握家长的心理，熟悉各种沟通技巧，并在沟通过程中时刻关注家长的情绪反应，及时调整沟通策略。

再次，给予家长表达的空间同样重要。教师的意见和建议仅代表个人观点，并不意味着绝对正确。因此，教师应鼓励家长充分表达自己的想法，通过共同交流分析，达成沟通共识。若教师一味强加自己的观点，可能会让家长感到被逼迫，反而掩盖了问题的真正原因，甚至导致误解和沟通失败。

此外，保持心态稳定也很重要。无论家长是认可还是否定，教师都应保持冷静和理性。即使沟通未能达到预期效果，也应友好交流，避免因情绪激动而产生言语冲突，导致家长拒绝沟通并对教师产生戒备心理。

最后，还需注意沟通是一个持续的过程。很多时候，一次沟通难以取得理想效果，需要多次连贯的沟通才能逐步解决问题。因此，教师不能有毕其功于一役的想法，而应在每次沟通后反思效果，规划下一步的沟通策略，并关注可能出现的新问题。

做到以上几点，教师便能够更有效地与家长沟通，共同促进孩子的健康成长。

当然，在沟通的过程中，除了要有站在孩子成长的角度进行沟通的意识外，还需要审慎判断哪些角度是真正为了孩子成长并能与家长达成共识的，哪些角度可能只是教师单方面认为"为了孩子的成长"，而家长可能并不一定能接受。明确区分这些有助于沟通更加深入人心，达到应有的效果。而这些认识上的差异可以在日常工作中逐步沟通，逐步达成一致，这不在本次讨论的范畴之内，暂且搁置。

二、了解沟通的一般心理策略

一天，家庭作业收上来后，小华老师发现班上有一个孩子的作业笔迹与平时完全不同。不用说大家都知道，是有人给孩子代写作业了。

谁代写的？孩子姐姐。正好孩子姐姐也在这所学校，她找来孩子姐姐的作业，将两份作业拍成图片传给家长，告诉家长以后孩子的作业要独立完成，不能让姐姐代写。谁知家长却一口咬定，孩子的作业是自己写的，哪怕那明显不同的两种笔迹就呈现在她的眼前。

为什么当老师本着对孩子负责的态度指出问题时，家长会出现这样的反应？难道他不知道教师的用意，或是不知道孩子这样做不好？都不是，这可能与家长的心理有关。

作为家长，虽然与教师是“教育同盟者”，但这同盟关系是建立在孩子的基础之上的。当家长感受到教师可能会对孩子的成长产生不利影响甚至威胁时，出于保护孩子的目的，自然会产生很强的防范意识。这儿小华老师所遇到的就可能是这种防范意识较强的家长，那么，她否认自己孩子的行为也就可以理解了。

家长对于孩子可能会遇到的不利影响或威胁持这般态度，那么对于自己可能遭遇的不利影响或威胁，更是会有这样的态度了。当然，这里所说的不利影响或威胁，倒不是说教师会对家长有什么暴力行为，更多的是指软暴力——言语的指责，变相的羞辱。而家长面临两难的情景——一是孩子还在老师跟前，需要老师照看；二是自己的自尊受到伤害，却又无力维护。在这般情景下，家长一般来说有两个选择，一是避免与老师接触，以保护自己；二是与老师对抗，还是为了保护自己。

如何使家长卸下过强的防范意识，坦诚与教师面对面沟通？教师需要了解一些沟通时的一般心理策略，这样才能有效与家长沟通，在与家长达成一致的情况下，解决自己想要解决的问题。

案例41 从“拒绝配合”到“近乎朋友”——我与一位家长的故事

开学好多天了，都没见到过家仁妈妈，感觉有点奇怪。现在是二年级，刚开学时，许多家长都找机会去办公室与老师聊上几句，好让老师能熟悉自己，尽快记住自己的孩子。何况家仁才刚刚转学过来。可家仁妈妈自从开学那天匆匆见过一次后，后面一次也没见过。

偶然在办公室谈起家仁妈妈，没想到，居然有同事对她颇为了解。“她啊，大儿子在上五年级，也没见她来过。不过我知道，她离过婚，大儿子是前夫的，小儿子是现在老公的。你得有心理准备，那个大儿子，可是他们班最让老师头疼的孩子。”

是的，即便不说我也知道自己会头疼的。开学这段时间以来，家仁的表现着实不好。作为一个转学生，他在这相对陌生的环境中却并不胆怯，随时随地都会耍赖，一个不高兴就倒在地上，或是朝别人吐口水。每天，为了让他能正常一点，在他身上我不知付出了多少精力。当然，学习成绩也不好，虽然已是二年级了，但他与一年级刚入学的孩子没什么区别——上课对他来说只是一个被强制坐在座位上的时间段而已，至于老师讲了什么，他是从来不会关注的。

打过电话给家长，爸爸是从来不接的，妈妈倒是接，但也仅限于接电话，从来不在我跟前露面。而家仁，依然那个样，根本就没什么变化。

事情的转机是在我的一个电话后。那天，家仁又躺在地上不肯起身了，而我又急着要带孩子们去会议大厅参加活动，怎么办？于是，我又试着拨通了家仁妈妈的电话，表达了自己的请求。也许是我长期态度相对温和的缘故吧，这次她倒是很快地赶来了。顾不上与她聊什么，将家仁交给她，麻烦她照应一节课后，我便匆匆带其他孩子去会议大厅了。

课后，赶回班级，她依然在。“老师，我家家仁拜托您了。”声音听起来嘶哑而疲惫。

“从小我就怕见老师，一直也没到学校来见您。您在电话里讲的，我也都听到了。孩子就那样，从小就那样……”

估计再让她继续说下去，后面一定会说“我也管不了”之类的。于是，我打断了她的话：“知道你忙，这大家都理解。说实话，我挺佩服你的，家仁这孩子一般人都照顾不下来，您不仅要忙工作，还能将他照顾好，真不容易。”这话有虚夸成分，但也有实在成分。至少，家仁除了学习、习惯、性格等方面外，其他方面还是合格的，比如身体状况、衣着整洁程度等。

但妈妈知道自己家孩子如何，并没有因我的话而表现出乐观：“家仁我知道，读书肯定是不行的，他那哥哥在五年级，表现更差。人家孩子都会写文章了，他到现在连书都不知道怎么读，也什么都不会。”

“家仁只是还没习惯学校生活。如果您也能鼓励他在学校好好表现，肯定会好起来的。比如上课不能走神、不能做小动作、要用心听课之类，每天与孩子说上几遍，回家后再问问他在学校的表现，肯定能够有所改变的。至于语文学习上，如果您在家时能够抽出一点空来，教他怎么读课文，将前面这几篇课文读通顺了，有了自信心，相信他以后会越来越好的。这样吧，我们共同坚持一段时间，家仁如果读了课文，您就告诉我，我在家长群里给家仁发表扬信息。如果家仁表现好，您在家可以给他一定的奖励，比如带他出去玩玩，给他买个小玩具之类的。”我试图在给她一点鼓励的同时，稍稍提出一点要求。

二年级刚开始的那几篇课文，其实是非常简单的，即便他会读，和其他孩子相比还是有很大差距的。但我知道，还是先给她提简单点的要求，等她真的能够帮助孩子完成了，再提别的吧。这样就能使她感受到孩子的转变是有希望的。而这种希望，对她来说也许比其他事情更重要。

只是我没想到，作为孩子的妈妈，对于这样简单的要求竟然也持拒绝态度，而且情绪竟然与她的孩子一样不稳定。“我没空！我又要做家务，又要上班，又要烦那么多事，没空管他学习！”她嚷嚷道。我感到震惊。

那么，她真的如自己所说的那么忙吗？好像并不是。因为我通过别的渠道了解过，她在超市上班，只上午上半天班。下午回家，做点家务活后应该是没什么事情了。那么，她为什么要拒绝对自己的孩子提供帮助呢？我在心里暗暗思忖着。想来想去，我认为原因可能是她已经对自己孩子的学习不抱任何希望了，所以用这样的方式来避免后期可能会出现的尴尬——她害怕自己付出努力后孩子依然没有什么进步，这样会使她更没面子的。况且，如果她表示配合，到时孩子成绩始终不理想，老师又会约谈她，不如现在直接拒绝，这样可以“一劳永逸”。

“家仁妈妈，别激动，我理解您比较忙。”我试图使沟通能够继续下去，因为我知道，只有沟通能够继续下去，我才有机会说服她。那么，还是采取点策略，从孩子的未来出发谈这个吧。

“我想，每天抽点空，陪陪孩子，关注一下他的学习，这点时间我们多少还是能够抽出来的。而这样的陪伴，对于孩子来说是好事。如果现在不这样陪伴他，让他能够与同龄的孩子一样，养成好的学习习惯，再长大一点，孩子懂事了，会因为自己成绩不好而失去学习信心的。到那时候，他对读书没兴趣，精力又充沛，需要找到发泄的渠道，说不定会惹上一些我们并不希望惹上的麻烦。比如，他可能感觉学校生活没意思，从而逃学，与一些不良少年搅和在一起，如果真的到了那时候，可能我们想管都管不了了。所以，趁着孩子目前还能听我们的，多与孩子相处，多给孩子一点学习上的帮助。

我们不指望孩子一下会有多大改变，但坚持下去，终究会有好处的。第一步，我们就从您的陪伴开始，一直陪伴到孩子愿意读课文，而且能读通顺课文。愿意去读课文，就代表他还是愿意去学习，愿意去努力改变自己的。而愿意努力改变自己的孩子，哪怕进步慢一点，终究会有进步的。”

家仁妈妈听了，依然表示自己力不从心，但声音小了很多，没有刚才那般理直气壮了。

“其实，今天见到您感觉挺高兴的。”为了能够真正打消她的顾虑，使她担负起应有的职责，我决定再与她聊聊，“您娘家好像与我老家是一个镇吧！离得挺近的，我小的时候经常去你家那个村子玩。”

对这个话题，家仁妈妈比较感兴趣。

“老师，您老家是哪个村子？”当得知我老家离她娘家就三四公里时，她打开了话匣子，说起她对我老家的印象，还有我老家的一些人、一些事。

成功拉近了心理距离后，我将前面的话题关联起来了。

“我们都是老乡，所以有什么我能帮上的，您尽管开口。但还得先说一下，能帮上的我肯定会帮，帮不上的，您也不要见怪就好。至于家仁的学习，您不要太焦虑，焦虑改变不了什么。重要的是您能够坚持陪伴他，与他一道学习，关注他的成长过程，他肯定会有改变的。”

家仁妈妈也眉开眼笑：“真没想到和老师是老乡。家仁的学习，得麻烦您多费神了。回家我也努力辅导，就怕我自己文化程度不高，辅导不好他……”

我连忙打断她后面的话，接着话茬继续给她加了把火：“一定能行的，如果真有什么不能确定的问题，您直接给我发信息就好，我一定会及时回复您的。”

话谈到这个份上，这次交流也算是取得了较为满意的结果。但我知道，这样的交流只是给她建立了基本的关注孩子学习、担负家长职责的意识，后面要做的还有很多很多。

后面的日子里，我时常通过信息提醒她，她也能够将在家辅导孩子或与孩子玩耍的情况通过照片的形式发送给我。而每次收到这样的照片，我都会及时给她竖个大拇指，写上诸如“辛苦了！继续努力！”“孩子已经有了一定的进步，继续坚持下去，一定会越来越好的！”之类的话。

不知不觉，开家长会的日子到了。估计是因为孩子各方面表现不佳，怕在家长会上遭遇尴尬吧，她早早就给我发信息：“老师，今天感觉不舒服，家长会就不能参加了。”收到信息后我急了，怎么能不来呢？我可为她准备了好多赞美呢！怎么办？打电话特意再次邀请。

“家仁妈妈，您好些了没？今天的家长会，如果能够坚持，我还是希望您能来。”电话接通，表达了对她的关切后，我继续劝她道，“来听听我们班的家长们、老师们会说些什么，对教育孩子是有帮助的。”好说歹说，最终她答应只要身体状况允许就来。她虽然这样说，但我还是心里没底。

没想到，家长会开始前几分钟，她真的出现在教室后排，悄悄找了个座位坐下了。我心里暗喜，但并没有马上表现出看到她了。家长会按既定程序开始了，先是学校各个科室领导介绍学校各方面情况，我也趁着这个时间，在教室外约谈了几个家长，但始终没有去和她打招呼。

学校领导、科任老师都发过言后，后面的时间便是我的了。在将一些常规的需要说的事情说过后，便是我例行的“讲座”时间了——每次家长会，我都会就一个重点话题深入阐述，以提高家长们的教育意识。这次我选择了“陪伴”这个主题。

“我们班有位家长，不知道今天来了没。”我说道，“因为前面她发来信息说身体不舒服，可能来不了。但无妨我借着她平时为孩子所做的，来展开我们今天的这个话题……”

我将平时收集的关于她在家辅导孩子的照片一张张播放着，这些照片下面都备注了具体是哪一天，在干什么。播放结束，我说道：“这就是我们班新转来的家仁同学的家长每天所做的，请大家为她对孩子的关注与陪伴，给予她热烈的掌声。”家长们都热烈地鼓起掌来，坐在那儿的她也激动得满脸通红。

这时，我装作才发现她，向家长们介绍道：“噢，我看到她了。虽然身体不舒服，但她还是坚持来参加家长会了。请您站起来给大家认识一下。”她扭捏着站了起来，有点不好意思。

等她重新坐下，我接着说道：“家仁现在的成绩或纪律，虽然还不是非常好。但我相信，有了这样的妈妈，有了这样的陪伴，他一定会越来越进步，越来越优秀的。那么，借着家仁妈妈对家仁的陪伴，我们今天就来聊聊为什么要陪伴孩子，该怎样陪伴孩子，陪伴孩子时要注意哪些……”

家长会后，家仁妈妈对家仁愈发在意了。在后面的班级活动中，我也时常邀请她来参与。她来参与，自然可以看到自己孩子与其他孩子之间的差距，好巩固她对孩子的关注意识。而有了家长的参与，家仁也真的一点一滴地进步起来，至少，他已经不再有之前那些不合适的行为了，整个班级也因此而显得更加有序起来。

从拒绝配合到近乎成为朋友，这段路走得格外艰难，但毕竟走过来了。我知道，走过这段路，以后的路就会越走越顺畅。因为我相信，只要有孩子家长的全力配合，改变一个孩子，哪怕这个孩子看上去问题多多，都不会是太难的事儿。

从这个案例我们可以看出，与家长沟通时可以采用以下策略。

（一）越难沟通的家长，越得表现出理解

“老师，我真管不了他，只能随他去了。”如果有家长这样对你说，作为教师你会有什么样的感想？遇到这样的事儿，肯定有教师会想：孩子是你的孩子，你管不了随他去，我凭什么要再去管？我又怎么管得了？

当然，这种想法的前半部分只能当作气话想想。现实中的问题是，家长不管，并不代表教师可以不管。家长不管，最多就是影响自己家孩子罢了。教师不管，影响的可能就是一个班的孩子。如果真不管，可能以后将要面对更多这样的问题孩子。而后半部分才是真正的考验，家长不管，单凭着教师去管理，该有多难！

因而，最好的办法是将家长拉回来，让他与教师一道管孩子。怎么拉？向他表达自己的理解，安抚好他的情绪，然后再找机会提出自己的意见或建议。

案例42 “忙”家长，“慢”引导

“老师，我们真的太忙了，天天晚上忙到九十点钟。这时节是做窗帘最集中的时候，一点时间都没有。”这是一年级时我第一次约谈阿炫家长，孩子妈妈说的话。

之所以约谈阿炫家长，是因为这孩子的表现太不好了。不说别的，拼音已经学过这么长时间了，孩子不说会写，认都认不全。除了课间努力帮孩子补习外，我一直在想，能不能与家长谈谈，引起他们的关注，借助家庭的力量把孩子成绩提高。只是没想到，真的约家长面谈时，孩子妈妈一开口就是这样的话。

孩子的家庭情况我知道，他们是外地人，孩子还有个姐姐，成绩也不好。他家在我们这儿开了个窗帘店，从买原材料到接揽生意，

再到做窗帘、安装窗帘，都是孩子的爸爸妈妈完成，生意还不错。现在，她这样说，该怎么继续谈下去呢？

为了能够继续谈下去，我只能表示对她的理解："是的，这年底，装修的、结婚的都特别多，生意肯定挺忙的。生意忙也是好事，要不两个孩子要养，也真不容易。我们养一个孩子都不容易。"

"是的，现在钱难挣。做套窗帘，也挣不了几个钱。布料钱、配件钱、门面钱等，七七八八算下来，一年其实也就挣个人工钱。"不关心孩子的学习情况，她倒和我扯上了生意上的事。

那也得应和几句："都不容易。特别是你们这外地来的，能在这小县城站住脚，肯定挺辛苦的。"

但谈话不能就这样继续下去，还得回到前面的话题。于是，我接着补充道："其实，现在忙来忙去都是忙孩子。要不是为了孩子，只是为了自己有饭吃，在现在这个时代也挺简单的。"

"唉，要不是为了他俩，随便做点什么事，都比这强。人家催着要窗帘时，你真不知道，一天能催十几次！"

看来，有一点我与她之间算是达成了共识，那就是一切都是"为了孩子"。那么，就从这儿再切入。

"确实，累来累去我们都是为了孩子。我有一个朋友，当年也跟你们一样，在外面发展。不过，他没将孩子带在身边，所以经常跟我说，到了孩子上初中就回来陪孩子读书。我也一直劝他早点回来，别非得等孩子到初中，可他总是不听。等孩子真的上初中后，他回来一看，傻眼了。挺聪明的一孩子，成绩却一塌糊涂。又是找人补课，又是专职在家带孩子，结果孩子还是初中一毕业就不读了。"我看了一眼阿炫妈妈，注意力比较集中。看来，对于与自己处境类似的故事，她还是愿意听的。于是接着说："我们毕竟都是希望孩子好的。假如孩子初中毕业后就不愿再读书了，我们心里多少还是不舒服的。孩子这么点大，不读书又能做什么？在外面一个劲儿玩，很可能会闯祸。所以，我也一直在想阿炫的问题。如果总是成绩跟不上来，对孩子来说不是什么好事儿。”顿了顿，给了点缓冲的时间，阿炫妈妈没有发表任何意见。那就接着说最想说的那些话吧。

“大家都很忙，这点我很理解。只是，在忙完之后，挤出个十几分钟来关注一下孩子的学习，应该还是能够做到的。这十几分钟，对于我们来说可能感觉并不重要，但对于孩子来说，可能会影响很大……”

就这样，我慢慢将阿炫家长从“一点时间都没有”，拉回到能够与我一道关注孩子的学习状态。虽然，家长给予孩子的帮助还是比较少，但相比以往的放任不管已经好了很多。

事后回想，为什么家长能够接受我的意见呢？最重要的一点，莫过于我对她的理解。理解她的忙碌，实际就是肯定她对孩子的爱与责任。而这种肯定，在某种程度上也是一种积极的暗示，让她有关注孩子的意识。有了这样的基础，为了证明自己对孩子的确是非常关注的，她便会不自觉地改变自己的行为，从而达到与她交流的目的。

因而，当遇到这样感觉比较难沟通的家长时，不妨试着去理解他们，并真诚地将这种理解表达出来。在这样的基础上，再给予积极的暗示与具体的指导，让他们重新担负起作为家长应担负的责任，好帮助孩子愉快面对学习生活，从而获得健康成长。

（二）越疏远的家长，越得拉近心理距离

刚接手这个班时，娟娟老师对小军家长还是抱有一定希望的。可慢慢地，娟娟老师感觉不对劲了。这不，打过几次电话约家长来学校，小军家长就是不来。不来的理由很多，诸如要上班、不舒服、家里有事等。这不，小军上午又出状况了，打电话给家长，小军妈妈在电话中表示自己要上班，去不了。实在没办法，中午放学时娟娟老师将小

军留了下来。

与娟娟老师预想的一样，放学后约莫十分钟，小军妈妈便出现在办公室了。

“咦，你不是说没时间，要上班吗？”娟娟老师故作惊奇地问道。小军妈妈恼怒地回应道：“还不是你们老师狠？我不来孩子回不了家，有什么办法？”后面的对话，不用说大家也能想到，肯定是充满火药味的了。

这种与教师很疏远的家长，其实是需要拉近心理距离的。怎么拉近心理距离？考验的是教师的智慧。

案例43 调节心理距离，形成师亲合力

小华家长来了，是我请来的。请他不太容易，电话至少打了四五次，约定的时间也变了三四次，今天总算见上了。请他的目的很简单，就是想试试能不能通过家长的配合来改变小华的处境。这孩子一直以来成绩不是很好，这倒不是最重要的，更让人担忧的是，他这段时间经常迟到，而且看上去更加沉默与郁郁寡欢。

与孩子沟通过好多次，大致了解了原因所在——平时放学后，孩子就一个人在家，晚上当然会心神不宁。孩子母亲在外地，父亲倒是在家门口做点小生意，但他不是那种很愿意花心思在孩子身上的人。他朋友圈里发的动态，不是在这儿的游戏厅玩游戏，就是在那儿的歌厅唱歌。估计他也知道自己孩子在学校的表现，加上不太愿意花心思管教孩子，所以总是“躲”着老师们。这不，请他到学校来，还得花很大心思。

见到我，小华家长板着一张脸，不知道是心里恼怒我非得请他来，或者是想用这样的表情防止我说话太过分？那就先热热场，聊聊孩子让人感觉还不错的那些方面。

聊孩子的优点，一般家长都是不会拒绝的。至少，这代表着教师并不是只看到了孩子的不足，或者说在教师眼中他的孩子并不是一无是处。等小华家长的表情有所缓和时，我开始切入正题了。

“小华这孩子，别的都挺好的，就是成绩稍微弱了点。”我试探着说道，“当然，男孩子更贪玩一点，相对女孩子来说，小学阶段成绩稍弱一点也是正常的。”有了前面的铺垫，家长也不否认：“是的，我也感觉他的学习成绩还需要提高。”

家长能有这样的认识，后面的交流就轻松一些了。“我带这个班的孩子也两年多了，我们之间也算是比较熟悉了，有什么话我就直说了。”说是两年多了，但我与小华家长的关系并不像我说的那般熟悉，无妨，只要他能认可就算是比较熟悉了。“老师，你说，没关系，都是为了小孩子。”看来家长并不反对我与他的“熟悉”。

“我知道你挺忙的，应酬也挺多。这很正常，大家都需要挣钱养家。当然，也可能自己还没玩够就当家长了。”小华家长有点不好意思地说：“没办法，喜欢玩。”他咧开嘴笑了。

“当年，我没添孩子之前，也整天就想在外面玩。”这倒也算是实话，年轻人，谁不喜欢热闹？“只是，添了孩子后，能抽出空来陪陪孩子，还是尽量抽点空，要不，一眨眼孩子就长大了，想陪可能孩子都不搭理你了。当然，必要的社会交往肯定还是有的，毕竟人在社会上哪有一点都不与人应酬的？”

“老师，你家孩子上高中了吧。”小华家长问道。“是啊，高三了。当年抱在手里时，想着她能上幼儿园多好，上幼儿园时，想着她能上小学有多好。而现在她已经上高三了，却又有些舍不得了。说实话，对孩子的记忆还是小学时候更多一些，读初中后，她的学习负担重，在一起交流、一起玩的时间感觉太少太少了。所以，现在小华还小，你能有空陪陪他，还是尽量多陪陪他吧。”

“是的，我这段时间在外面玩的时间的确太多，孩子陪得太少了。我回家时他已经睡着了，我醒来时他已经上学了，与他交流少了，感觉他都有点不愿意理我了。以后我会注意的，争取将孩子放在第一位，尽量少出去应酬。”

“的确，这段时间小华那张小脸总是板着，给人感觉无精打采的，如果你能多陪陪他，肯定会好很多吧。”……

这次的交流多少还是有效果的，至少小华不再像之前那样经常迟到，脸上的笑容也多了起来。再打电话给小华家长，也能够正常交流了，偶尔还能收到他的信息，询问近期小华在学校时的表现。对我来说，这就足够了，至于孩子的成绩能有多少提高，还是慢慢来吧。相信，有了家长的支持与配合，孩子的各个方面终究都会有所进步的。

因而，当我们感觉家长有意识地疏远我们时，我们所要做的不是生气，也不是放弃，而是要思考以什么样的方式拉近彼此的心理距离。需要做的并不多，只要能找到彼此的共同点，哪怕仅仅是同为家长，就能使家长感受到我们是站在他的角度看待问题的，自然也就愿意与我们交流，并在交流的过程中接受我们的意见。这样的交流，当然比批评指责他们要复杂，但做好了，效果远远不是简单的批评指责能达到的。

（三）越固执的家长，越需要去赞美

小博家长经常会到办公室来，来了就不愿意走，能聊上一两个小时。刚开始接手这个班时，感觉还是挺好的，至少说明她对孩子比较重视，但越聊我就越感觉不对劲。原因很简单，聊来聊去，不管聊什么，她都会绕到自己对孩子小学阶段的期望中来。说来也很简单，就是她想让孩子“能有个快乐的童年”。

其实，对于作为教师的我而言，也是希望所有孩子都能在我的陪

伴下有个快乐的童年。只是，对于“快乐的童年”，我与小博家长的认识不同。在她的认识中，就是不要管孩子，哪怕她的孩子作业基本没有好好完成过，成绩及行为习惯也到了让人难以接受的地步。她到学校来与老师交流的唯一目的，就是让老师不要因为孩子各方面的表现不好而给孩子以及给她本人任何压力。

这种在教师看来过于宠爱孩子的家长，也是教师心目中较为无奈的家长。说他们不懂教育吧，说起来头头是道；说他们懂教育吧，长此以往，孩子会越来越落后的。面对这样的家长，教师所要做的不是批评指责，也不是对抗，而是给他们应有的赞美，在赞美的过程中引导他们回到正确的轨道上来。

案例44 先“通情”，再“达理”

下午，刚踏进办公室，同事就告诉我：“军军妈妈来找你了，看上去怒气冲冲的，好像要找人吵架一样，你得注意她点。”

军军是个非常特殊的孩子，成绩暂时就不提了，光是他的表现就让人头疼。课堂上，他是想干啥就干啥，比如，这儿课上得好好的，那儿他便走下座位四处“巡视”起来，不是弄弄这个，就是玩玩那个。再如，即便坐在座位上，他也只是在玩。比如把书摞起来，然后猛地推其中一本，看看能不能将这本书从中间单独推出去。想批评他？不行。他不听，依然在玩自己的。想吓唬他？更不可能。他要不就是往地上一躺，想躺多久就躺多久；要不就是握着拳头对着你，作鱼死网破状。

更让我头疼的是他妈妈。她到学校来，从来都不是为了孩子的学习，也不是因为孩子犯了错，而是她感觉孩子受了委屈。打过多次交道，虽然最终问题都处理了，但也仅仅是处理了，谈不上有处理的质量。今天，她又来了，来的目的我清楚，就是上午一节外校老师的公开课她的孩子没能参加，她感觉自己的孩子受到了歧视。怎么才能让她感受到我对孩子的善意呢？我陷入了沉思。

果然，就在同事提醒我不过十来分钟后，军军妈妈就出现在了办公室。

“老师，我有事想问你！”她的声音很大，脸色很难看，情绪也非常激动。

我一如既往地给她拉过一把椅子：“别急，先坐下休息一下，看你跑得这满头大汗的。”

她一点也不客气，一坐下就说：“老师，今天我家军军为什么没去上课？”

为什么呢？就在上课前，我正准备领孩子们到多媒体教室去，军军不知和哪个孩子起了争端还是什么情况，一下就躺在了地上，怎么劝也不起身，怎么问也不回答。为了保障他的安全，我只得无奈地请数学老师领其他孩子去了多媒体教室，而我自己在教室里陪了他好长时间，才算勉强让他恢复了正常。

没接她的话茬，而是切换到我的频率上与她交流：“军军妈妈，一直以来我都感觉你是个非常爱孩子的妈妈。不说别的，就说与老师们的交流，我们班的家长也数你最主动。”这倒不是奉承她，抛开交流的内容不谈，能够主动找老师沟通，确实是她最积极。“咱们班的值日，最上心的家长也就是你了。其他家长大多都不怎么来，都交给孩子值日，可你不同，我感觉每次轮到军军值日，你都会帮着他们一道完成。”这也不是奉承，实际情况如此。“对于班级的事务，你也总是能放在心上，前不久的运动会，你还主动给我们班的小运动员们带了那么多饮料、面包之类的。”这也是实情。

不管是孩子，还是家长，其实都是愿意听到他人的认可的。就这一会儿，军军妈妈的脸色缓和了很多。那就接着说说她为孩子、为班级所做的事情吧。“这一年来，感觉军军与我也亲近了很多，这里面你应该费了很多心。”我接着说道。孩子的确有一些进步，至少他与同学发生争执感觉自己占理时，偶尔也会找我“告状”。“前几天还拉着我，与我聊了好长一会儿呢。”其实，他是看中了我办公室里的一套积木，而我也答应了他，如果表现好，过段时间我可以送给他。

军军妈妈的情绪明显稳定了下来。时机应该到了，于是我接着说道：“我知道，孩子这一切的变化是离不开你的。只是，军军的情绪还是不够稳定，还需要你和我继续努力。就拿今天上午那节课来说吧，课间不知怎么了，就是躺在地上不肯起来。我只好让数学老师送其他小朋友去上课，陪了他大半节课。”军军妈妈开始改变自己的态度了：“是的，我家那孩子，有时候就是犟，拿他一点办法都没有，给老师添麻烦了。”

“不麻烦，孩子还小嘛。”我还想趁机再加把火，或是打个“预防针”，“只是我们当老师的，要照顾一个班的孩子，有时可能不能及时关注军军。如果有什么做得不到位的，你得多原谅。”“我知道，老师要照顾那么多孩子，怎么能忙得过来呢……”

送走军军妈妈，同事乐得合不拢嘴。可能是没想到军军妈妈转变得这样快吧。是的，那样怒气冲冲地来，却又这样高高兴兴地走，也算是较为成功地化解了这次“危机”吧。不由想到，所谓“通情达理”，我们还是得先“通情”再“达理”吧。而所谓“通情”，就是看到家长的付出并给予应有的赞美，所谓“达理”，则是引导家长通达事理，明白该怎么去看待事情吧。

面对家长，我们所要做的并不是争论谁是谁非，而是要友好沟通，要步调一致，要形成合力。因而，对于看上去相对“固执”的家长，我们不能愤怒、指责乃至恶言相向，而是要在尽可能的情况下给予家长认可，好使他们能够放下戒备，能够与我们正常地交流。这样，我们才有机会对他们的行为进行一定的引导，使他们能够在孩子的教育中发挥更多的作用。要知道，这类“固执”的家长并非不愿理解我们，而是难以真正理解。他们对教师的过度戒备心理，往往会使其过分关注如何保护孩子，反而忽视了孩子自身存在的不足。

（四）越失望的家长，越需要给予希望

期中考试后，小云老师开始发信息提醒部分考试不够理想的学生的家长。

“小桢这次考试成绩不够理想，请家长注意孩子的学习状态，要想孩子进步，需要家长坚持配合。”

“小宇家长请注意，这段时间小宇的表现很不好，不光是课堂纪律方面，课后作业完成的质量也很差。请家长多引导孩子课上认真听讲，课后及时认真完成作业。”

…………

还没等小云老师把该提醒的提醒完，小宇家长就回复信息了：“小云老师好！我家小宇就是那榆木疙瘩，在学习这方面估计就这样了。所以，以后孩子如果考得不够好，就不麻烦你告诉我们了，我们心里有数。至于其他方面，老师你看着办吧。”

看到小宇家长的回复，小云老师目瞪口呆，怎么还有这样的家长？吃惊过后，小云老师不得不去思考这样一个问题——当家长明确表示自己对孩子的表现无能为力时，作为教师的她又该怎么去面对这个表现不好的孩子？

其实，思考这个问题还不如思考家长为什么会在学习方面放弃自己的孩子？原因可能很多，而其中非常重要的一点就是，家长看不到孩子进步的希望。当一个人再努力都感觉改变不了现状时，自然也就有了放弃的想法。怎么解决这样的问题？作为教师，我们不应采取逼迫或指责的方式，而应该让家长看到希望，从而主动改变。

案例45　改变，聚沙成塔

期末考试过后，试卷刚改完，小阳妈妈就赶来了。

“老师，我家小阳考得怎么样?”她一脸急切地问道。

“还行。语文、数学都在及格等级以上，英语达到了良好等级，挺好的。”面对她的询问，我放下手头其他事情回复道。

有点不放心，她又问道：“班级平均分呢?”

不好告诉她班级平均分，但在她的一再要求下，我只得将班级平均等级告诉了她——语文、数学、英语平均起来都是优秀等级。

小阳妈妈一脸失落地叹息道：“还是考得这么差，这可怎么办啊!”

“可不能这么说。”我安慰她道，“跟以前比，孩子的进步可是班级里最大的。要知道，这次的成绩可都是他自己独立获得的。能有这个成绩，已经很不错了。”

这并不是随口说说，我发自内心是这样认为的。对于小阳来说，能有这样的进步，真的很了不起了。

“我也感觉他有进步，只是还是差得太远了。”小阳妈妈依然很失落。面对这样的成绩，小阳妈妈的无奈也是可以理解的。

“慢慢来吧。有这样的基础，以后继续努力，迟早孩子会赶上来的。”……

是的，我坚信小阳会越来越好的。这种感觉源于孩子妈妈近期的一系列表现。之所以说是“近期”，是因为以往的她可并不是这样的。

刚入学时，班级孩子的学习准备情况相差甚远。比较重视的家长，早就将孩子的拼音教过了；中等重视的家长，也已经教了相当一部分了。剩下的那部分家长，可能教育理念不同，也可能是没将这当回事，孩子根本就没学过拼音。于是，一上课孩子之间的差距就表现出来了。

这倒不急，还是按应有的节奏去教吧。可在学习的过程中，孩子自身的差异也显现出来了。大部分孩子都是相对普通的，也有少数孩子是较为特殊的。其中有的孩子是“一点通”，接受能力很强；有的孩子则是接受能力很弱。小阳属于后者。其他孩子都能读好、写好拼音了，他还是连读都读不好。无奈，只得在课后给他“开小灶”，可即便这样，也很难使他跟上班级进度——毕竟教师可利用的时间很少，而孩子的接受能力又太弱。

每当遇到孩子妈妈来接孩子时，我都会提醒她：“回去一定要花点时间帮孩子复习，他可能有点跟不上。”可能是我说多了，也可能是自己的工作等方面出现了变化，一个多月后，孩子的接送工作移交给了孩子的祖父母。即便这样，我也经常会打电话与她沟通，希望她能给予孩子一定的帮助。只是，感觉依然没什么作用，孩子的成绩越来越差，哪怕我再用心利用课余时间帮助他。

趁着开学时不太忙，我决定当面与小阳妈妈谈谈。再这样下去，孩子的学习真的会陷入困境了。可家长总是推脱，说自己这忙那忙的。于是，趁着一个下午没课，我便登门拜访了。

“老师，我家小阳怎么感觉不是块学习的料。”寒暄过后，小阳妈妈心直口快地说道，“感觉他做其他事还好，就是学习这块总比别人慢半拍。”

“怎么能这么早就下结论呢。孩子才刚上三年级，什么可能性都是有的。”先制止她表达对小阳的失望，然后我开始帮她分析起来了，“小阳现在成绩的确有点弱，但不是转变不了的。你看，现在他读课文应该没什么问题，至少说明他是识字的。”

“是的，有时让他读课文，他也能读通。”小阳妈妈插话道。

“对啊，这就说明他是有一定基础的。之所以考试成绩不够理想，主要是应该能做出来的看拼音写词语之类的题都做不好，错别字也较多。要是能在课后多帮他报报听写，让不该出错的地方尽量不出错，就一定会有进步的。”

聊了好一会儿后，感觉差不多了，我便起身告辞。临走前，我又着重对她说道：“不管孩子以后能走多远，我们先将能做的做好。晚上回来，先给他多报听写，对孩子是有帮助的。”

第二天，听写中小阳的表现果然好多了。大多数词语都写出来了，虽然能明显看出，好多字并不是按正确笔顺写出来的，但毕竟是进步了。于是，我及时将小阳听写本的那一页拍下来，发给小阳妈妈，然后写道：“不错，小阳今天的听写有明显进步。”

有了这样的互动，小阳妈妈也开始关注起小阳的学习状况来。感觉小阳的听写基本能够达标后，我又开始将平时上课用到的关于句子仿写的课件发给小阳妈妈，让她有空时再帮孩子巩固一下这方面的知识。就这样，从生词到句子再到片段的阅读等，在小阳妈妈的配合下，小阳一点一点进步着。这样的变化很细微，但累积到期末时，也算是“翻天覆地”的变化了。即使小阳依然是班级成绩最弱的孩子之一，但我相信，只要家长能够持续关注，并积极与我配合，给予孩子恰当的帮助，那么这些微小的改变将会逐渐累积。最终，这些点滴的进步将聚沙成塔，塑造出一个学习更加积极、成绩更加优异、内心更加自信的孩子。

很多时候，家长放任孩子，并不是他们不愿孩子向好的方向发展，而是他们力所不能及。面对这样的家长，我们所要做的，不是单单指出孩子的不足，也不是批评他们为孩子做得不够，而是让他们看到孩子进步的希望。当然，在使他们看到希望的同时，要给予他们具体而明确的指导。只有这样，他们才会既有信心又有能力去帮助孩子，也才能在孩子获得一定进步的同时，进一步巩固对孩子未来的期望，从而使他们进一步去努力帮助孩子获得更大的进步。

（五）越“乖张”的家长，越需要请进门

挂完电话，梦梦老师一脸苦笑：“又找事来了。现在好了，有事也不跟我说，直接找校长了。”说完，便匆匆赶往校长室。

虽然梦梦老师没说，但大家都知道她说的是谁。除了梓钰家长，不会有别人这样让梦梦老师伤神的。今天又是为了什么？谁都不清楚。但大家知道，梓钰家长不好沟通。因为同在一个办公室，大家都见过梦梦老师与梓钰家长交流时的场景。

梦梦老师对孩子管理紧点，她就会来学校，说梦梦老师给她孩子压力；梦梦老师对孩子管理松点，她也会来学校，说梦梦老师对她孩子不管不问。她家孩子与别的孩子发生矛盾，如果受了委屈的话，她会第一时间找梦梦老师，说梦梦老师不负责；如果挨了批评，她也会第一时间找梦梦老师，说梦梦老师偏心，处理得不公道。开始时梦梦老师还尽力解释，但时间一长，梦梦老师也心力交瘁，对她也就相对不太搭理。现在倒好，家长不找梦梦老师了，直接到校长室去了。只是，这还是得梦梦老师去处理啊！

面对这样的家长，梦梦老师又该怎么去沟通呢？一般来说，遇到不理解老师的家长，还得从家长的角度出发，想想他们为什么会有这样的行为，从而洞察他们的心理，找到相对合适的沟通方法。而对于这类行为相对“乖张”的家长，他们的心里又在想些什么？我想，他们也并不是刻意在找老师的麻烦，更多时候，他们可能是因为对孩子所处的环境不够了解，对老师又不够信任吧。要想化解这样的矛盾，一般而言，得使他们了解孩子在校的状态，感受到孩子具体的学习氛围。而将他们请到校园来，直接面对孩子的学习环境，无疑是一种恰当的方式。

案例46 请进门，风平浪静

刚接手这个班，依云老师就听同事给她打预防针了。“要注意你班小霏家长，他可是那种‘无风三尺浪，有风掀翻天’的人。这个班前一任班主任，可没少受他的委屈。”一番话，说得依云老师心里直发毛。

一段时间以后，依云老师发现，同事一点都没夸张。的确是这样，只要有点“风吹草动”，小霏家长便会发网帖投诉。标题都是类似这样的——“老师放学后喜欢拖堂，应该吗?”“孩子作业被老师扣下，作业有这么重要吗?”“上课不教，下课开班，请教育部门严查!”而他所说的情况，也都是添油加醋甚至空穴来风。比如所谓“拖堂”，是指放学后偶尔老师布置了一下作业，延迟了三五分钟；所谓“扣下”，是指放学后老师在辅导某一孩子订正错误；至于“上课不教，下课开班”更是无中生有，虽然可能个别老师存在这方面问题，但依云老师所带的班级还真没这现象。更让依云老师难以接受的是，很多时候有些事根本就与他及他的孩子无关，但也不妨碍他在网上投诉。每每遇到投诉，最麻烦的就是依云老师了。她不仅要向学校领导解释，还得面对小霏家长。而在沟通核实情况的过程中，即便知道自己投诉的内容不实，小霏家长也能做到面无愧色，他常轻描淡写地解释道:“有则改之，无则加勉嘛!”

也许这样的家长是不常见的，但依云老师就遇到了。这不，依云老师因为这个家长整天提心吊胆的，工作也变得难开展起来了。元旦联欢会就要到了，其他班级都能布置得美轮美奂，依云老师的班级却与平常没有任何区别。不是依云老师不想布置，也不是其他家长不愿配合，就是因为怕小霏家长盯着这事。收点班费布置教室?那是给自己找麻烦。答应那些愿意为班级出力的家长自费布置教室?又怕小霏家长说是老师逼迫家长参与或有其他猫腻，而且也不合适。

自己掏钱？依云老师才刚工作，经济也不宽裕。怎么改变这样的窘境？依云老师思来想去，决定邀请小霏家长参与这次班级联欢会。

小霏平时的表现倒是挺好的，这次也报了一个节目。于是，依云老师便请小霏邀请爸爸过来参加这次活动。理由也比较充分，到时候怕孩子们太活跃，维持纪律时可能不方便拍照，请小霏爸爸帮着拍一下活动照片，最好每个节目都能拍到。

元旦联欢会如期举行，小霏爸爸也如约而来。参与孩子的活动，对他来说应该是第一次吧，忙前忙后还是挺积极的。自然，活动过后，依云老师向他表示感谢。“不用谢，应该的。你们老师真挺不容易的，这么多孩子吵吵嚷嚷的，真不好照顾。”破天荒地从小霏家长的嘴里听到这样的话，依云老师还是挺兴奋的。“习惯了，再说这也是我们的工作，肯定得努力做好啊。”“我们班的小朋友都是多才多艺，挺了不起的。只是我拍的照片背景可能有点素，要是教室里能布置一下，拉点彩带，挂点气球之类的，肯定会漂亮多了。”小霏爸爸有点惋惜，不知是因为没能拍出满意的照片，还是因为自己孩子的教室没能和别的班教室一样张灯结彩。当然，依云老师也不会告诉他是因为对他过于忌惮而导致这样的结果。

以后，只要能够邀请到，班级一有活动，依云老师都会邀请小霏爸爸来参加。渐渐地，小霏爸爸的投诉越来越少，到最后已然“绝迹”。相反，他开始主动在群里邀请其他家长一道来帮依云老师做些布置教室、购买活动所需材料的事了。“老师们很辛苦，能帮忙的事我们家长来做就好了。”当依云老师表示感谢时，小霏爸爸说道。这还是以往的小霏爸爸吗？连依云老师有时都感觉有点迷惑，更不用说对此了解不多的其他同事们了。

为什么小霏爸爸能从原来的“找碴模式”，转变到能够体谅老师并主动帮老师分忧解难的状态？这得从学校相对封闭这一特点谈起。有了这样的特点，就容易造成信息不对称。这样的信息不对称，常会使家长心生焦虑。他们不知道自己孩子所面对的环境，也不了解教师的工作状态，在这样的情况下，有的家长选择的是无条件迎合老师，希望通过这种迎合来换取老师对自己孩子的关照，有的家长选择的是相反的路，他们期待能通过提意见的方式来规范老师的行为，以期使孩子获得更好的学习环境。只是，后者常因对于教育及教师的误解而演化为“挑刺”甚至胁迫。

也就是说，后者并不是不想体谅教师，而是感觉不能体谅教师。在他们的认识中，如果过于体谅教师，就可能会使自己孩子的学习环境恶化。自然，当他们走进校园，进入教室，感受到了教师的工作状态，感受到了班级的氛围后，也就使得他们所了解的信息在最大限度上与教师所了解的信息对称起来。这样，他们看待问题时自然就会从教师的角度出发，就会形成一定的同理心，最大限度信任教师，配合教师，从而使班级工作更轻松一些。

很多时候，人与人之间没有建立信任感时是很难正常沟通的。而缺乏这种信任感，有的家长遇到一点问题便会担心自己的孩子是否受到了不公正对待，行为自然也就显得“乖张”起来。这时，教师所要做的并不是在家长出现“投诉”之类的现象后去“灭火”，而是踏踏实实通过行动建立师亲之间的互信。但不得不说的是，这种信任感的建立，单靠教师说说是很难做到的，而是要靠实际行动——将家长带入特定的“场”中才能建立。因而，开放我们的校园，打开我们的教室，让家长有机会融入学校、班级这些特定的“场”，亲身感受、体验孩子在学校的生活以及教师对工作的认真负责，是非常重要的一项工作。只要用心去做，自然也就能消除家长潜意识中的担忧，在促使他们回归正常的同时，给我们一个更为宁静、更为高效的工作环境。

三、掌握沟通的常用技巧

随着社会的发展，人们的自我保护意识及法律意识不断增强。在教育领域，人们对教师的要求也日益提高，除了专业能力外，其他方面的素质也受到了更多关注。因而，要想胜任自己的工作，作为教师，我们除了要不断提升专业能力外，还得学会与家长、孩子及其他教育关联者建立更加良好的教育关系。

实践证明，师亲之间的关系是教育中不可或缺的一种关系。只是，虽然目标相同，但师亲双方因为种种差异，对于教育的理解却不尽相同。由此，也造成部分师亲之间关系紧张。在这种情况下，教师的沟通能力也就显得尤为重要了。

可以这么说，在家长与教师产生的矛盾中，真正存在利益冲突的情况并不常见，大多数时候都是由师亲之间沟通不畅、交流效率不高造成的。这样的沟通，带给教师的是形象的损害以及不应有的麻烦，带给家长与孩子的则是太多不应有的负面影响。这就需要教师掌握一定的沟通技巧，以消除不应有的隔阂，增进并维持良好的师亲关系，减少师亲冲突，提高家长满意度，从而保障教育教学工作的顺利进行。

（一）从细节入手，工作在平时

师亲之间目标一致，本应和谐相处。可现实中，师亲冲突事件却时有发生。这是为什么？原因之一是有些班主任在出现问题时才想到与家长沟通，而没能将工作做在平时。那么，平时班主任应该怎么做才能让师亲沟通更顺畅？

1.在平时表达你的善意

办公室里，有班主任在抱怨："你看看你家孩子，给我惹了多少麻烦，不是将同学弄伤，就是将东西弄坏。而且，现在成绩也越来越不像话……”家长的神情随着班主任的抱怨在变化——先是赔笑，然后是板着脸，最后是怒气冲冲。一场冲突，就此发生。

也是，如果班主任考虑的全是“我”“成绩”之类，孩子又在哪儿？缺乏“孩子”这一必要条件，师亲沟通很难顺畅。而如果能够将工作做在平时，站在孩子成长的角度与家长善意沟通，情况将会大不一样。

我们班也有这样的孩子，姑且叫他小爱吧。当小爱不注意安全时，我会及时与家长沟通：“今天小爱撞到别人了。我已经提醒他了，希望回家后您也能提醒一下。因为不管撞到别人还是弄伤自己，都不太好，您说对吗？”当孩子学习不够用心时，我也会及时联系家长：“这段时间您是不是比较忙？孩子家庭作业完成得不太好。这让我很纠结——让他重做吧，课间休息不了；不重做吧，怕成绩跟不上。更重要的是良好习惯的养成……”

也就是说，如果将沟通放在平时，将重点放在孩子身上，让家长在沟通中清楚地感受到教师的善意，明白这种沟通对孩子成长的意义所在，师亲之间的沟通才会真正顺畅、有效。

2. 在平时展现你的专业性

校长室里，家长群情激愤：“他不适合当老师，更不适合当班主任！平时上课，孩子们都说听不懂，这样下去怎么行？”看来，他们并不仅仅想换“班主任”，更希望通过这种方式给孩子换一个科任教师。

也是，如果作为班主任，连自己所带科目都没能力教好的话，家长又怎能放心将孩子交给他？更谈不上出现问题时师亲能够顺畅沟通了。

这使我不由得想到，每到入学前一些家长会想尽办法“择班”的现象。家长所“择”的，其实就是班主任的“专业性”。一般来说，“择班”孩子的家长对所“择”班主任都有着一定的信任度，在后期的师亲沟通中，对班主任也相对更加尊重，师亲沟通也更为顺畅。

因而，作为班主任，不管教的是什么课，都得关注自己平时的教学工作，让自己在平时的教学工作中表现得更加专业一些。这样，才能在影响孩子、改变孩子、促进孩子成长的同时，赢得家长的认可与信赖，师亲之间的沟通也才会更加顺畅。

3. 在平时表现你的公平

“现在有些家长难交流，就是调整一下座位，居然打电话来指责我是不是收了人家好处！”遇到这事，同事很委屈。我没安慰他，而是问了他一句：“那究竟有没有别的因素影响了你？”“有个孩子，家长总是找不同领导带话，要求调换座位……”看来，座位调整的背后的确有“猫腻”。

现在的家长，对孩子的教育都非常重视，都想为孩子争取最好的教育资源。当学校、班级都确定下来后，有些人就会关注班级内的“教育资源”——选座位、当班干、评优评先之类。一旦家长感觉班主任为了别人而动了他家孩子的“奶酪”，一定会心生不满。而当有了这样的情绪后，即便当时不表达，也会影响后期的师亲沟通。

在我的班级，如果座位需要个别调整时，我都会先与相应的家长沟通，说明调整的原因，请求他的同意。在给予家长应有的尊重，并理由充分的情况下，多数家长会同意。偶尔有个别不同意的，可以缓一缓，想别的办法进行调整。这样，既能解决问题，又不会引发家长的不良情绪。

对于班主任来说，如果在平时能够让家长感受到公平，即便偶尔影响了他孩子的“利益”，师亲沟通也不会因此留下后患。自然，有了这样的感觉，师亲沟通也就能够更加顺畅。

总之，作为班主任，我们应该清醒地认识到，师亲沟通顺畅与否，成效如何，关键不在于出现问题时的应对，而在于平时的工作态度。如果在平时，班主任能够展现出应有的善意、足够的专业素养和相对的公平，师亲沟通一定会更加顺畅，沟通的效果也一定会更好。

（二）针对特点，适时沟通

“物以类聚，人以群分”，与自己志趣相投的人交往，无疑是人生中的一大乐事。然而，作为教师，我们往往无法只与自己感觉良好的人打交道。我们所面对的家长群体，性格各异，家庭背景多样，思维方式不同，人生经历也各不相同。为了促进班级有序发展，保障孩子健康成长，我们不得不与那些与自己理想中打交道的人选存在差距的家长保持常态沟通。尽管这些差距可能让我们面临挑战，但正是这些挑战促使我们不断提升自己的沟通能力。

那么，如何才能更好地与这些在个性、背景、思维方式及人生经历等方面有着很大差异的家长友好沟通呢？这需要我们注意很多方面，其中非常重要的一点就是学会观察家长，了解他们的特点。只有深入了解他们的性格、需求和期望后，我们才能有针对性地运用适当的方式与他们进行沟通。这样，师亲沟通才能落到实处，达到预期的目的。

案例47 从孩子的成长出发

文文爸爸又到办公室来了。

“老师，周末我带文文到南京玩了，他的作业还没做完，你多原谅。有空时我再让他补上。”他常来，我们已经熟悉了。只是，为孩子求情这事儿他做得太过频繁，我接手这个班不过半学期，他就来过不下十趟。他只在意孩子是否“快乐”，至于孩子的成绩、习惯、能力等，无所谓。

“没事，能补就补上，没时间就算了。”听我这样说，他不好意思地“嘿嘿”几声。他自己也知道，所谓“补”作业，只不过是说辞罢了。这么多次，我就没见他让孩子补过一次作业。

这样的家长，我已见过好几个，多少有点应对的经验。现在与他也比较熟了，我想试着跟他深入聊聊。

“文文爸爸，这半个多学期来，我发现文文并不是很快乐。按说，你这么爱护他，他应该感觉很幸福、很快乐。可我发现他在学校很少有笑容。”

文文爸爸说：“换成你当班主任后已经好多了，以往他整天苦着脸。过去作业如果不做，班主任总会批评他。三天两头挨批评，他当然高兴不起来。”

我说：“你说得很有道理，应该有这方面的原因，但不是全部。你不当老师不一定能了解，在学校，特别是在小学阶段，孩子之间最看重的是能不能获得老师的表扬。一个孩子如果总是得不到老师的表扬，内心可能会很失落。而其他孩子，大多也是以老师是否表扬作为选择交往对象的依据。获得老师表扬次数越多的孩子，他的玩伴也就会越多。”

文文爸爸脸上那种无所谓的神情没了，很用心地听我讲。

“其实，文文这孩子挺招人喜欢的，只是经常不完成作业，学习习惯也不好，尽管老师们都在尽力帮他更好地建立自信，但效果一直不明显。这个问题，我们几个老师都非常着急。”

“麻烦老师们了。我回家得想想办法，总这样的确不好。”文文爸爸的话语中透出了内心的不安。看来，我的话打动了他的心。

“老师，他哪儿不懂你多辅导。回家后，我也得让我爱人多管管他的学习。”应该是怕我不重视吧，他又重申了一遍……

有这样的态度，我和他以后的交流会顺畅很多，至于效果，我不敢奢望立竿见影，但我知道，只要站在孩子成长的角度，每次重点交流一两个话题，以增强家长的家庭教育意识，应该还是能够做到的。

德国哲学家莱布尼茨曾说过：“世上没有两片完全相同的树叶。”

是的，树叶如此，人亦如此。作为教师，我们所面对的家长群体中的每个个体也是不尽相同的。有人平和，有人急躁；有人礼貌，有人粗鲁；有人直率，有人委婉。面对形形色色的家长，我们在交流时如果能够关注到家长的特点，采用不同方法去沟通，效果一定会更好。

而如果关注不到这些，情感上就可能有距离，沟通就可能会处于盲目状态。要知道，不同特点的人，有着不同的个性、经历等，思维方式也会有所不同。同样一句话、一个动作、一个眼神，思维方式不同的人解读起来，很可能会产生不同的结果。如果不关注这些，很可能会产生误解。

关注到家长的不同特点，就能利用他们的某一特点进行沟通，从而达成共识。这样，不仅大家能够和睦相处，还有助于高效解决问题。

而要做到这些，作为教师，我们要胸怀宽广一些，对他人多一些包容，多一些理解，尊重他人。这样，我们才能更好地面对家长群体，并在与他们的沟通交流中获得理解与帮助，更好地做好我们的工作。

（三）学会共情，积极占主动

心理学家罗杰斯曾提出过这样一个概念——共情。所谓共情，主要有以下内涵：一是借助沟通对象的外部表现，了解其内在想法，明晰其思维特点；二是借助以往的知识及经验，分析沟通对象的特质，从而把握问题表象背后的实质；三是运用沟通技巧，恰当地向沟通对象传递信息，并适当了解其对沟通对象产生的影响。而这种沟通技巧的运用，需要实施者能细致观察沟通对象的各种表象，恰当把握沟通内容，积极运用情感影响，使沟通产生应有效果。

这种相对积极的沟通方式，在当下的教育情境中，尤其适合教师与家长的沟通。在现实教育情境中，师亲之间的共情主要是指教师以家长为中心，充分认识及体会家长的内心情绪，设身处地接纳和理解家长，利用家长对教师的信任，使家长和教师在一定程度上相互理解，为后续沟通奠定坚实的基础。

那么，教师需要理解与掌握哪些表达共情的技巧呢?

1. 学会用心倾听

所谓倾听，“听”的内容包括两个方面：一是可以直接听取的内容，指沟通对象口语表达的内容；二是需要用心揣摩的内容，指沟通对象的肢体语言等外在行为，包括动作、表情、音量音调、语速等。在“听”的同时，我们需要做的是专注，不打断对方，不做评价。这样，才能真正感受到对方的所思所想。

当然，在倾听的过程中，教师也要有适当的反应，表示自己在用心听，并听懂了。听取意见后还需要给予适当的反馈。这样的倾听才能营造良好的沟通氛围，真正了解解决问题所需要的一些线索，理解家长的内心感受，知晓家长对于问题的真实想法，为解决问题打下扎实的基础，也才能有效预防家长对教师产生误解，认为教师只是在敷衍自己，从而减少师亲之间的矛盾与冲突。

案例48 “陪读”的妈妈

要带一个全新的一年级班了，我感觉还是挺好的。已经好多年没带过一年级了，这个班如果能完整地带到小学毕业，就是我教育生涯中的一个美好的记忆吧。只是，没想到我会遇到这样的考验。

将孩子送进教室后，瑜瑜妈妈并没有离开：“老师，先让我家瑜瑜一个人坐吧，我得陪他几天才行。”瑜瑜妈妈过来，瑜瑜也过来了，牵着妈妈的衣襟，一步也不离。

“怎么了？是舍不得孩子？”这样的情景，每年开学时也不少见，尤其是在这相对偏僻点的农村小学。

瑜瑜妈妈有点不好意思地说：“长这么大没离开过我，怕他不适应。”

于是，我的教室里便多了个“编外学生”。

只是我没想到，瑜瑜妈妈这么有耐心。大半个月一晃而过，她居然一点都没有让孩子独立在学校上课的意思。看孩子适应得也非常好了，我便开口“逐客”了：“瑜瑜妈妈，明天是不是让瑜瑜独立上课了？总这么陪着也不是事儿，孩子终究是要独立的。”

听我这样说，瑜瑜妈妈勉强同意了。其实她应该能够看到，偌大的一个校园里，只有她是这样全程陪孩子上课的，多少也就明白这并不适宜。

第二天，将孩子送进教室后，她略有点迟疑。这一迟疑就坏事了，瑜瑜可能看出妈妈会离开，大哭了起来。这一哭，瑜瑜妈妈也就不舍得离开了：“老师，我再陪他一天吧。”

就这样，一天又一天，一个星期转眼就过去了。孩子在与别的同学玩时，她便站在旁边；孩子要喝水时，她就马上去倒。甚至孩子上厕所，她也会跟到厕所外，只是因为是男厕不好进去罢了。

当我再次将她请到办公室时，她马上就意识到了什么：“瑜瑜，先和小朋友们玩一会儿，妈妈和老师说一会儿话。”将跟在身后的瑜瑜安排好后，我们开始交流起来。

聊着聊着，瑜瑜妈妈的话匣子打开了。从孩子小时候的身体弱，带起来怎么不容易，聊到自己曾经的工作，再聊到离婚后独自一人带孩子的艰难处境……很多时候，都是她一个人在说，而我只是静静地听着，偶尔表达一下对她所说内容的关切。不知不觉就是一节多课时间过去了，孩子已经独自跟着小伙伴玩了一个课间，并独自上了一节课了。现在，孩子正与小伙伴们一起，经历他离开妈妈陪伴的第二个课间呢。

慢慢地，瑜瑜妈妈的情绪稳定下来。她有所歉意地对我说：“家长里短说了这么多，耽误你时间了。”面对她的歉意，我表示理解。的确，一个单身妈妈独自带着孩子，加上不能出去工作，内心肯定有着种种的不如意，能够这样宣泄，对她来说也是一种放松吧。

让孩子独自进校上学的问题，其实她是有心理准备的。甚至她也意识到，真正的问题出在她自己身上——并不是孩子离不开她，而是她离不开孩子。是的，家庭、工作、情感等各方面的不如意，已经使她陷入一种焦虑状态，在这种状态下，她将所有的希望与情感都寄托在孩子身上，对孩子有了过度的依赖。这种依赖自然也在影响着孩子，使孩子也变得敏感起来，自然也就会出现这样母子之间难舍难分的窘境了。

交流差不多时，我指着外面正在玩耍的瑜瑜说道："你看，真的放手的话，孩子也是能够适应学校生活的。适当放开你的手，孩子的交际范围就会扩大很多，成长得也会更快的。"其实，适当放开孩子的手，再去找一份适合自己目前情况的工作，改善一下自己的生活，转移一下自己的注意力，对她来说也是不错的选择。当然，说这话目前还不适合，以后有机会再谈吧。

后来的日子，从陪到上课才离开，到送进校门便离开，也就仅仅经历了一周左右的时间。原以为可能还会再次上演的那一幕并没有出现，孩子就那样适应了学校生活，母亲也渐渐适应了孩子独自去上学的生活。而在这个过程中，我并没有做太多的事情。如果非得说做了什么有益的工作，那就是在家长宣泄自己负面情绪的时候，我能够保持倾听状态。可能也是因为有了一个负责任的"听众"，才促使家长在交流的过程中认识到自己的问题，产生了改变现状的欲望吧。

在工作中，我们经常会遇到一些比较特殊的家长。这些特殊的家长，可能会有一些我们难以理解的表现。面对这些表现，如果我们在对其背后的实质尚未了解时就加以制止，可能会在一定程度上引发家长的抵触，甚至导致师亲之间的信任危机。我们所要做的，首先是倾听，听取他们的意见，了解他们内心的想法，在此基础上再加以引导。这样，才有可能真正去了解问题产生的原因，并化解问题，使一切都回归到正常轨道。

2. 能够换位思考

作为教师，我们在与家长沟通的时候，要能够换位思考，站在家长的角度，为家长的行为寻找一定的合理性。这样，才能最大限度理解家长，从而达成彼此之间的共识。

作为一名教师，在与家长的日常相处中，多少会遇到与家长认识不同的时候。而这个时候，当家长看到教师能够在意自己的意见，并较为迅速地给予反馈时，就能感受到教师对自己的理解，内心的不良情绪也能获得一定的舒缓，甚至对打扰到教师而感到有所歉意。事实上，学生及其家长有时对教师的言行是较为敏感的，而教师如果能够积极行动起来，急学生及家长之所急，体谅他们的处境，就能使师亲、师生之间形成良性互动，将可能存在的矛盾与冲突化解在初始阶段。

案例49　“锱铢必较”，只因“有苦难言”

那是小婷老师刚参加工作时遇到的事儿。

期中考试成绩出来后，老师们第一时间将试卷发了下去。作为班主任，小婷老师也在第一时间兑现承诺，对总分前十名的孩子进行了奖励。

中午，放学后不过十几分钟，她便在家长群里看到了易易家长的留言：“老师，分加错了。易易数学是91分，写成了90分，希望老师能改正。”

由于是发在群里，教数学的金老师也见到了，有点不满：“这家长怎么能这样？试卷发下去时孩子也没提成绩算错了，这都放学了，他在群里说，别的家长怎么看?!”

“算了，家长估计也没考虑周全，还是不和他们计较了。”小婷老师边劝解金老师，边决定回复一下易易爸爸：“易易爸爸，知道了。下午我再看看是怎么回事，如果真的算错了，就将分给孩子补上。”

“老师，补上这一分的话，易易应该是第十名了。”刚发出消息，易易爸爸就回信息了。

“看来，是盯上你刚发的奖品了。”金老师说道。

第十名？小婷老师心里一咯噔，想了想又回复道：“好的，我知道了。下午我会处理好的。”

下午，小婷老师抱着一摞软面抄走进办公室。看来，她手头已经没有多余的当作奖品的软面抄了，刚又买了一批。

看着小婷老师，金老师无奈地笑了。

小婷老师一边给本子写字盖章，一边说道：“既然家长提了，该做的还是要做。再说，这一分算错得也不巧，正好在那能不能获奖上。估计在家也是被孩子逼狠了，要不家长也不会这样在意的。如果真错了，改一下也不费劲，还是改一下吧。”

下午放学时，易易爸爸出现在了办公室门口。果然，与小婷老师猜想的一样，中午放学后孩子一见到他就哭，一直哭到家才告诉他，说是老师将她的分算错了，要不自己能拿到奖品。孩子胆子又小，不敢和老师说。

“没办法，为了安慰她，只好给您发信息了。听到您说下午会处理，别提她有多高兴了！麻烦您了，老师，要不是您及时回信息，我都不知道该怎么办了。”易易爸爸一再表达着谢意。

“没关系，这是应该的。就是让易易受委屈了。”小婷老师说道。想了想，她提醒易易爸爸道：“只是，如果下一次遇到类似的情况，私下发信息给我也许更好。有时候有些话在群里说不太方便。”易易爸爸显然也知道小婷老师的言外之意，连连表达着歉意。

交流过后，易易爸爸领着易易告辞了。易易一手拿着下午获得的软面抄，一手挽着爸爸的胳膊，一蹦一跳地走着。可以看出，她的内心一定是非常快乐的。看着他俩的背影，小婷老师的心里也是满满的幸福。是的，为了这件事，她多花了十多分钟，也多花了几元钱，但相比缓解一个父亲的焦虑与心疼，相比带给一个孩子获得认可后的幸福，算不了什么。她也不由得在心里暗暗庆幸，庆幸自己能够第一时间回复家长，能够在尽可能的情况下做了自己该做的。

自那以后，一直到现在，小婷老师都保留着随时听取家长的意见，并及时给予回复的习惯。因为她知道，有时家长的“锱铢必较”，只因“有苦难言”。

很多时候，我们会觉得家长对于一些事情“小题大做”。只是，这种感觉只是我们作为教师的感觉，如果站在家长的角度去想想，我们可能会有不一样的认识。站在家长的角度，我们便能尊重家长的个性，接纳家长的表现，善意地理解家长的观点及行为，尊重家长的选择。也许，有时我们并不能解决家长所提出的问题，但多一些共情理念，多一些理解，多一些对家长情绪的关照，表达出的就是对家长的尊重。而这，对于师亲关系的维护，肯定会比拒绝、排斥甚至指责要好得多。

3.善于把控情绪

在现实的工作中，师亲之间是存在一定对立性的。这种对立，大多是因师亲之间的关注点不同造成的。相对而言，教师关注更多的，是家长对孩子的教育方面的不足，并希望能有所改变；而家长关注更多的，是自己的孩子是否受到了应有的重视与照顾。因而，对于同一问题，很可能会出现不同看法：在教师看来，是家长没能照料好孩子，不够负责造成的；在家长看来，是教师过于苛刻或过于没责任心造成的。

面对这样的现状，作为教师，我们一定要做到善于把握自己的情绪，不急于争辩，以避免在家长情绪不够稳定时与家长发生冲突，导致双方裂痕进一步加深。要知道，有时辩解带来的不是家长的理解，而是家长更多的负面情绪——可能会使他们认为老师总想推脱责任，或对自己、对孩子有偏见。只有控制好自己的情绪，使自己处于相对平和的状态，才能使家长也平和下来，从而使问题能够顺利解决。

案例50 不在意态度，只在意沟通

“我家小耀怎么调到最后面去了？”读起来，这句话好像并没有什么问题，只是家长与教师之间极普通的对话罢了，但如果能够见到家长的表情你就会明白，事情没那么简单。那家长直勾勾地盯着玉成老师，一动不动，而且满脸怒火。

“噢，小耀爸爸啊。我正想着什么时间你有空，好和你说说小耀的事呢。今天孩子比较调皮，总是做小动作，有点影响同学，所以将他调后面去了。”玉成老师停下手头的事儿，“别急，坐下聊聊。”

“他那么点大的个头，怎么能坐在后面呢？是以后就这样了，还是会再换回来？”家长并没有坐下，还是保持着满脸怒火的态度。

也难怪，今天放学时正好下雨，家长能够进教室接孩子。见到自己的孩子忽然坐到了最后一排，多少有点情绪。

“在课堂上和小耀说了，如果表现好，明天就可以调回到原来的位置。”见小耀爸爸并没有坐下，玉成老师也站了起来，“放心，孩子的座位还保留在那儿，跑不掉的。我们班一直都是按个头排位的，不会对小耀特殊的。”

玉成老师并没有受小耀家长态度的影响，因为他多少是理解小耀家长的。小耀这孩子成绩很不好。倒不是家长不辅导的缘故，而是孩子接受能力太弱了。为了小耀，玉成老师也是费了很大力气的。除了课上关注外，课后还经常辅导，只是效果并不理想。估计是受这个原因的影响，平时小耀爸爸很少会主动找玉成老师沟通，而仅有的几次主动找玉成老师沟通，也都是因为出现类似今天这样的情况。说到底，可能还是怕孩子成绩太差受到歧视的缘故吧。

听玉成老师这么说，小耀爸爸准备离开了。玉成老师叫住了他："小耀爸爸，这段时间小耀总体来说还是有进步的，特别是对生字词的掌握，比以往好多了。今天课堂作业完成得也不错，只是字迹不太工整。您在家如果有空的话，多叮嘱他做作业时把字写工整一点。""好的，谢谢老师。"语气虽然不像其他家长那样客气，但毕竟比刚进办公室时态度好多了，有了称呼，还能道谢，玉成老师感觉还是挺满意的。他也坚信，只要对小耀像对其他孩子一样，即便小耀爸爸看上去不是太好相处，说话也非常生硬，也还是能够相对和谐地沟通的。

面对情绪不够稳定的家长，我们首先要做的就是安抚好家长的情绪——很多情况下，只要将家长的情绪安抚好，就相当于解决了家长所提出的问题。而要想做到这一点，教师首先要保持稳定的情绪。教师的情绪保持稳定，言行举止就能得当，在这样的氛围下，家长就会感觉到自己的诉求得到了回应，想法得到了理解，自然也就能缓和情绪，从而理性看待问题。

后　记

携手同行，感恩有您

在撰写这部作品的过程中，我仿佛经历了一场心灵的洗礼，每一章节的落笔都凝聚着对教育事业的深情与思考。回顾这段心路历程，我深刻感受到，师亲沟通不仅仅是技巧与艺术的展现，更是心灵与心灵之间的桥梁，是教育合力形成的基石。

创作之初，我怀揣着对教育现状的忧虑与期待，希望能通过这本书，为那些在教育一线默默耕耘的教师提供一些启示与帮助。在撰写过程中，我反复琢磨每一个案例，力求真实、生动地再现师亲沟通中的种种情境，让每一位读者都能从中找到自己的影子，感受到那份共鸣与启发。

首先，我要特别感谢我所遇到的每一位家长。你们的孩子，是我教育生涯中最宝贵的财富；而你们，是我成长道路上不可或缺的伙伴。有的家长，用坚持与信任让我看到了教育的希望；有的家长，用理解与包容为我提供了宝贵的反馈与启示；还有的家长，以其独特见解与深刻思考不断激励我反思与前行。正是这些各有特点的家长们，让我的教育理念更加丰满，也让我在师亲沟通的道路上越走越远。

同时，我也要向我的学生们致以最深的敬意与感激。你们纯真的笑脸、好奇的眼神、不懈的努力，都是我创作这部作品的原动力。在与你们的相处中，我学会了倾听，学会了理解，更学会了如何以一颗童心去感受教育的美好。你们的变化与成长，是我最大的欣慰与骄傲。

此外，我还要感谢我的工作室成员们，是你们的智慧碰撞与无私奉献，让这本书的内容更加丰富饱满。每一次的研讨与打磨，都是对师亲沟通艺术的一次深刻探讨，也是我们团队精神的生动体现。感谢你们的陪伴与支持，让我在这条道路上不再孤单。

当然，我还要感谢所有给予我关照与帮助的人，是你们的理解与支持，让我能够在教育的道路上勇往直前，不断探索与前行。你们每一次的鼓励与肯定，都是我前行的动力源泉，让我在困难面前更加坚定与从容。

《师亲沟通的艺术》虽已完稿，但我的教育之路仍将继续。我深知，师亲沟通的艺术永无止境，需要我们不断学习与实践。愿这本书能够成为一盏明灯，照亮每一位教育工作者与家长的心灵，让我们携手同行，共同为孩子们的成长撑起一片蓝天。在未来的日子里，我将继续秉持初心，深耕教育，为培养更多优秀的社会栋梁贡献自己的一份力量。

庄华涛

二〇二四年十二月